CUANDO LOS
REINOS
ENTRAN EN
CONFLICTO

CINDY
TRIMM

CASA
CREACIÓN
Para vivir la Palabra

Para vivir la Palabra

MANTÉNGANSE ALERTA;
PERMANEZCAN FIRMES EN LA FE;
SEAN VALIENTES Y FUERTES.
—1 CORINTIOS 16:13 (NVI)

 Cuando los reinos entran en conflicto por Cindy Trimm
Publicado por Casa Creación
Miami, Florida
www.casacreacion.com
©2012 - 2022 Derechos reservados

Library of Congress Control Number: 2012943018
ISBN: 978-1-61638-805-8
E-book: 978-1-62136-115-2

Desarrollo editorial: *Grupo Nivel Uno, Inc.*
Adaptación de diseño interior y portada: *Grupo Nivel Uno, Inc.*

Publicado originalmente en inglés bajo el título:
　　　When Kingdoms Clash
　　　Publicado por Charisma House
　　　Una compañía de Charisma Media
　　　600 Rinehart Road
　　　Lake Mary, FL 32746 USA
　　　Copyright © 2012 Cindy Trimm

Nota de la editorial: Aunque el autor hizo todo lo posible por proveer teléfonos y páginas de internet correctos al momento de la publicación de este libro, ni la editorial ni el autor se responsabilizan por errores o cambios que puedan surgir luego de haberse publicado.

Impreso en Colombia

22 23 24 25 26 LBS 9 8 7 6 5 4 3 2 1

ÍNDICE

3

PRÓLOGO

Vosotros pensasteis mal contra mí, mas Dios lo
encaminó a bien, para hacer lo que vemos hoy,
para mantener en vida a mucho pueblo.

—Génesis 50:20

E n el desierto llega a hacer un frío sorprendente en la noche.
No hay electricidad, y las lámparas de aceite tan solo pueden repeler la oscuridad; cuando se extinguen, esa oscuridad
hace que el frío penetre hasta el alma, especialmente cuando
no hay nada contra lo que apoyarse salvo las paredes de piedra de la celda de una prisión.

Jo era un prisionero político en Egipto. No se encontraba
allí debido a las recientes revueltas sino porque se había visto
atrapado en una lucha de poder entre uno de los líderes militares y la esposa del hombre. Como asesor que supervisaba
los asuntos de la casa del general y sus intereses empresariales, la esposa del general se había tomado un interés en Jo que
dejaba de ser superficial. Entre las *Mujeres Desesperadas* de
Egipto, aburridas en su consentido estilo de vida y obviadas
por sus esposos, sintió atracción por el espíritu imperturbable
y jovial de Jo y su talento para hacer prosperar las cosas. Si
su esposo no lo hiciera trabajar tanto, sería presa fácil para
cualquier mujer de Egipto, pero lo que ocurría es que él se
pasaba todas las horas del día trabajando en su casa y en su
Estado. Ella pensó que podía usar la ambición que él tenía

para explotar lo que ella quería de él, una pequeña distracción de tarde de su jaula dorada, pero no sería así. Resultó que Jo tenía más carácter que ambición; y no iba a tocar a la esposa de su jefe. Cuando él rechazó sus propuestas, ella le dijo a su esposo que había intentado violarla y se las arregló para que metieran a Jo en la cárcel sin juicio alguno.

En general, los años no habían tratado bien a Jo, a pesar de sus prometedores comienzos. Había nacido en el seno de una familia rica del norte, pero los celos persuadieron a sus hermanos para intentar matarle, y tuvo que huir para salvar su vida. Encontrar trabajo con el general le había parecido en primer término una bendición, pero después incluso eso se volvió contra él, y terminó en uno de los sistemas penitenciarios más pobres y sucios del mundo, aparentemente olvidado y abandonado.

Pero Jo no estaba solo.

Jo era un hombre que tenía fe en el único Dios verdadero. Aunque todo lo que tuvo en su día de riquezas, posición y éxito ahora se lo habían arrebatado, Jo aún tenía lo que más valoraba: su relación con Dios. En lugar de quejarse por su fatal suerte, cambió sus horas ociosas por tiempo de oración. Oraba por su familia que había abusado de él. Oraba por el gobierno cuyos sistemas corruptos permitían que un hombre inocente fuera encerrado en prisión de por vida sin poder hacer ni una llamada de teléfono a un abogado. Pero por encima de todo, oraba con la intención de conocer a Dios y sus misterios, de entender el sueño que Dios había puesto en el corazón de Jo cuando era un adolescente. Sin nada propio en el mundo físico, buscó el tesoro espiritual. Como resultado, Dios comenzó a darle visión en sueños y visiones. Cuando pudo, Jo ayudó a otros prisioneros a entender los mensajes del cielo que Dios estaba intentando darles mientras dormían. Algunos se beneficiaron de ello, y otros ignoraron sus interpretaciones en perjuicio propio.

Ahora, durante casi la mitad de su vida, Jo había sido un fugitivo y prisionero. Pensando en los que deberían ser los mejores días de su vida, la fría piedra a sus espaldas le recordaba que el futuro no le prometía ni familia ni carrera alguna. Lo único que tenía era el momento en que vivía: tenía el *ahora*. El *ahora* era todo lo que puede que jamás poseyera. Así que en lugar de desesperarse, invirtió sus momentos en la eternidad. Dios respondió, no con prosperidad, ascensos o liberación como la mayoría hubiera pedido, sino con Él mismo. Jo no solo descubrió que eso era consolador, sino que también sintió que era una bendición mayor que ser rey del mundo.

Jo se aferraba a las historias de Dios que su padre le había contado de niño. No tenía una Biblia que leer, así que pasaba las horas imaginándose las escenas de Abraham en el desierto y de Jacob luchando con Dios. A pesar de sus circunstancias, pensó durante mucho tiempo en las promesas que Dios le había hecho a su padre y a los padres de su padre, y lo que podrían significar para él. Como estaba en la cárcel, sin esperanza alguna de salir nunca, se preguntaba si esas promesas le pertenecerían a él tanto como a ellos, pero sabía que si Dios pudo salvar a Isaac para no ser sacrificado en la cima del monte, Dios también podría intervenir en su favor. También le preguntó a Dios acerca del sueño que había en su corazón casi todos los días: ¿Qué significaba? ¿Aún se habría de cumplir? ¿Cómo pasaría de ser un presidiario a ser el líder en quien veía que se convertiría? Parecía imaginar demasiado. ¿Realmente era posible que pasara de la celda de una prisión al palacio? ¿Qué extraño y maravilloso conjunto de acontecimientos debía ocurrir para que eso aconteciera?

"¡José!".

La voz le sacó de su meditación, y de repente las paredes de piedra y las barras volvían a acompañarle. Un escalofrío recorrió su espalda. Se giró hacia la puerta y comprobó que era el guardia.

"¿Señor?", preguntó Jo como si despertara de un sueño. "¿Qué estaba haciendo el guardia en la prisión a esa hora de la noche?", se preguntaba.

"José, acaba de ocurrir la cosa más extraña del mundo. El presidente te llama. Tienes que estar aseado, con ropa limpia y en su sala de consejo en una hora".

"¿Qué?", preguntó Jo, pensando si no se habría quedado dormido y se trataba de un sueño. "¿Cómo es posible?".

El guardia abrió la puerta de la celda y la abrió de par en par. "No sé, nunca me ha ocurrido esto antes; pero parece que quieren pedirte algo, algo que creen que solo tú puedes hacer. ¡Creo que este podría ser tu momento, José! Si actúas adecuadamente, ¡podrías salir de aquí! Sé que parece imposible, pero creo que tu Dios ha abierto un camino delante de ti. La primera vez que llegaste aquí, yo dudaba de ti, pensando en todo lo que hablabas de Dios y tu actitud tan positiva. Pensaba que estabas loco, pero luego parecía que todo lo que tocabas mejoraba. Eso realmente me hizo preguntarme muchas cosas, y ahora esto. No me sorprendería que fueras a salir de aquí, y tengo que admitirlo, no hay una mejor persona que tú a la que eso le pudiera ocurrir".

José alzó la mirada, a través de la única ventana de su celda para ver el cielo estrellado. "Entonces, ¿mayores cosas, Señor?", pensó. "Tú siempre hablabas de otros planes. ¿Te referías a esto? Nunca supe qué hacer con eso".

José hizo una pausa cuando el guardia abrió la puerta de la celda. Cerró sus ojos por un momento en una silenciosa oración. "Vienes conmigo, ¿verdad? Prefiero estar aquí que hacer algo sin ti. Señor, si este es tu plan, no puedo esperar para lanzarme de cabeza a él, ¡porque lo único que quiero hacer es servirte! Estoy impaciente por ver lo que harás después".

"¿José?", preguntó el guardia amablemente, dándole tiempo de terminar su oración. "No debemos hacerle esperar. Por aquí para ver al presidente".

INTRODUCCIÓN

Y sabemos que a los que aman a Dios,
todas las cosas les ayudan a bien, esto es,
a los que conforme a su propósito son llamados.

—Romanos 8:28

L a narrativa anterior es como yo me imagino la noche que
José fue llamado a presentarse ante el faraón para interpretar su sueño. Desde el día en que sus hermanos le habían vendido como esclavo hasta el día en que fue llamado a acudir ante el faraón habían pasado más de trece años; trece años pasados primero como esclavo y luego como convicto. Probablemente pasarían otros diez antes de ver a su familia y el cumplimiento del sueño que Dios le había mostrado cuando era adolescente. Tendemos a pensar en José en su papel como primer ministro de Egipto, dirigiendo el almacenamiento de granos y luego usando eso para salvar a la gente del Oriente Medio durante la gran hambruna que hubo en aquellos tiempos. O pensamos en José con su túnica de muchos colores, favorecido por su padre por encima de sus otros hermanos. Pero pasamos por alto a José en la cisterna, en el barro, esperando a que sus hermanos le mataran; José como esclavo exiliado de su vida de riqueza y favor; José falsamente acusado por la esposa de Potifar y arrojado en prisión sin esperanza de salir nunca; o José, probablemente vestido con harapos, muerto de hambre, sentado en su solitaria celda del desierto noche

·

tras noche, aparentemente olvidado y abandonado, pero perdido para el mundo en oración. Pero la historia de José no es una historia de pobreza y tiempos difíciles. Es una historia de triunfo, una historia de sabiduría fiscal y visión que disciplinó el manejo de recursos para que Egipto no solo sobreviviera a la hambruna sino que además tuviera suficiente para salvar a las demás naciones del Oriente Medio, incluyendo la que un día se convertiría en la nación de Israel. Lo que pretendió desanimarle y hundirle inspiró en cambio el carácter que libró a José de la pobreza para obtener prominencia en un solo día.

Si este hubiera sido un incidente aislado, podríamos pasarlo por alto, pero no lo es. La Biblia sigue hablándonos de Moisés, exiliado en el desierto y apartado por su familia; sin embargo, debido a que puso su corazón en las manos de Dios, un día Dios lo llamó de la oscuridad para ser el libertador de su pueblo de la esclavitud. David era el renacuajo de su familia, al que ni siquiera llamaron cuando Samuel llegó a la casa de su padre, Isaí, buscando ungir al siguiente rey. Y sin embargo, Dios le llevó de ser un pastor olvidado a convertirse en rey; y aun así gran parte del tiempo que transcurrió entre medias lo pasó como un fugitivo huyendo para salvar su vida.

Gedeón se escondía en un lagar; Rut estaba espigando en los bordes de un campo; Ester fue encerrada lejos de los suyos y atusada para complacer a su marido; Juan el Bautista fue un vagabundo sin hogar; Pedro, un trabajador común; Daniel, una víctima raptada; María, una niña de una aldea común; Pablo, un cazador sediento de sangre. No tiene que mirar mucho para encontrar a alguien peor que usted en estas historias. A pesar de lo bajo que comenzaran o lo lejos que cayeran de la gracia, encontrarse con Dios transformó sus vidas. Ya fuera a través de sus propias oraciones o mediante las de otra persona, se encontraron cara a cara con Dios en un momento de sus vidas totalmente inesperado, y ni ellos ni sus mundos volvieron nunca a ser los mismos.

Dios se especializa en volver las vidas del revés; y sin importar dónde comencemos o la poca influencia que podamos haber tenido antes, Él nos da poder para transformar el mundo que nos rodea si estamos dispuestos a encontrarnos con Él y a entregarnos a Él sin retener nada.

Yo lo sé, porque comencé sin nada y probablemente nunca debería haber llegado a nada. Nací en la pobreza en las Bermudas, en una familia de siete hijos (yo era la sexta). Había días en los que nos quedábamos sin nada, incluyendo el agua. Sé lo que es tener la suerte en mi contra, pero también sé lo que es comenzar a orar al Padre del cielo que me ama y ver cómo me sacaba del gueto y me llevaba al gobierno. Nunca imaginé cuando era niña que algún día sería senadora posicionada para convertirme en primera ministra de mi nación.

En el caso de José, le fue arrebatada toda su juventud, y sin embargo no perdió nada de tiempo. De hecho, terminó con ventaja. Las dificultades que el diablo estaba usando para intentar destruir los sueños de José, él las puso en oración, y esa oración transformó a José de ser un niño mimado y egoísta a ser un hombre de sabiduría e integridad capaz de gobernar un reino. La diferencia no sucedió de la noche a la mañana, aunque su ascenso de la prisión a la prominencia sí se produjo así. La diferencia en José se forjó en el crisol de la oración, hora tras hora, año tras año. Dios se convirtió en lo más valioso para José, en su mayor deseo y su única esperanza. Dándole la espalda al mundo para buscar a Dios con todo su corazón, José fue transformado, pasando a ser el hombre que Dios usaría para salvar a una generación.

Aunque estas historias tienen miles de años de antigüedad, el principio sigue siendo el mismo hoy día. Martin Luther King Jr. era un pastor desconocido antes de convertirse en un hombre de interés nacional durante el boicot del autobús en Montgomery, Alabama. Nelson Mandela pasó décadas en la prisión antes de ser liberado y ser elegido finalmente presidente de la misma nación que le encarceló como prisionero político. Mientras aún estaba en prisión, ¿en qué pensaba? ¿por qué oraba? ¿a qué se aferraba? No lo sabemos con exactitud, pero sabemos que durante sus veintisiete años en prisión leyó el siguiente poema todos los días:

Invictus

Desde la noche que me cubre,
Negra como el abismo de polo a polo,
Agradezco a cualquier dios que pudiera existir
Por mi alma inconquistable.

En las feroces garras de las circunstancias
Ni me he lamentado ni he dado gritos.
Bajo los golpes del azar
Mi cabeza sangra, pero no se inclina.

Más allá de este lugar de ira y lágrimas
Es inminente el horror de la sombra,
Y sin embargo, la amenaza de los años
Me encuentra y me encontrará sin miedo.

No importa cuán estrecha sea la puerta,
Cuán cargada de castigos la sentencia.
Soy el amo de mi destino:
Soy el capitán de mi alma.

—William Earnest Henley

No comparto estas historias porque me gusten los relatos de personas que pasaron de pobres a ricos, ni tampoco quiero que usted ponga a esos hombres y mujeres en algún tipo de pedestal. Lo que quiero que vea es que eran personas normales, personas como usted y yo, personas en las peores circunstancias posibles, en las situaciones más deprimentes, con las apariencias más desfavorables, afrontando los mayores desafíos de sus tiempos. Pero Dios no los puso ahí para que fueran derrotados, sino que los puso ahí para ser transformados en el fulcro de la revolución cultural y moral. En los lugares más oscuros, cuando le buscaron a Él con todo su corazón, Dios escogió a tales hombres y mujeres para convertirse en faros para sus naciones, sus industrias, sus generaciones y su mundo.

Hoy brillan como luminares mostrando lo que puede suceder cuando hombres y mujeres se niegan a hacer concesiones en lo que es correcto para llevarse bien con lo que está mal, y cuando se levantan contra la injusticia aunque eso pudiera costarles todo. Demuestra cómo una persona y Dios pueden formar una mayoría. Demuestra cómo la oración no solo nos cambia a nosotros, sino también las circunstancias; y no solo cambia las circunstancias, sino que también puede cambiar los corazones y las mentes de futuras generaciones. La maldad de un dictador o tirano puede durar unas pocas décadas, pero el bien que hagan hombres y mujeres de carácter e integridad tiene siglos de influencia.

Los frentes de batalla del conflicto entre los reinos de las tinieblas y de la luz por lo general no suelen estar en nuestras iglesias; están donde vivimos, donde trabajamos, y en lo que hacemos en nuestro tiempo libre. Las batallas se libran en nuestros lugares de trabajo, vecindarios, donde nuestros hijos van a la escuela, en nuestras casetas electorales y en las salas de influencia. Puede parecer un poco extraño, pero *en* nuestras iglesias no podemos ser la Iglesia que estamos llamados a ser. Nuestras iglesias deberían ser lugares de entrenamiento y coordinación, pero después tenemos que llevar la lucha a las calles.

Para hacer eso, tenemos que entender la importancia de la práctica y las tácticas de la oración como nunca antes. Debemos perseguir a Dios como lo hizo David y confiar en los sueños que Dios nos ha dado como hizo José, independientemente del aspecto de nuestras circunstancias.

En los dos libros previos de esta serie avanzamos del plan de batalla al campamento de entrenamiento militar, y ahora es el momento de encontrarse con el enemigo en el campo de batalla. En *El arte de la guerra para la batalla espiritual* echamos un vistazo a la oración desde el punto de vista del general de oración, explorando la naturaleza de la guerra espiritual y las tácticas y estrategias globales para participar en ella. En *Como un guerrero ora* vimos los requisitos para ser un soldado en el ejército de Dios y qué disciplinas se necesitan para luchar eficazmente. En este libro, *Cuando los reinos entran en conflicto*, prestaremos atención a cómo permanecer fuertes cuando el fragor de la batalla está en su punto más intenso y cómo permanecer firmes para alcanzar la victoria.

Se está librando una batalla. En cada suburbio, centro urbano, comunidad rural y nación de la tierra hay una batalla por las almas de nuestra generación. En algunos lugares es peor que en otros, y va desde letras de canciones que adormecen la mente y glorifican el crimen hasta explotaciones sexuales que mutilan el cuerpo y que condenan a niños y jóvenes a un entierro temprano. Lo vemos en las inmaculadas sabanas africanas donde los niños se educan como peones de guerra o donde terratenientes violan y asesinan para mantener a millones al borde de la muerte por inanición; en naciones donde la corrupción mantiene al gobierno inoperativo y opresivo, hasta lugares donde el odio racial y étnico podría explotar y ser una violencia genocida en cualquier momento. Al mismo tiempo, esta guerra está también en nuestros suburbios, ciudades y comunidades rurales. Violencia doméstica, recesión, enfermedades, dolencias y discapacidad, pobreza, violencia de pandillas e incluso falta de oportunidades llevan a una brecha cada vez más profunda entre los que tienen y los que no tienen, entre sexos, entre madre e hija, padre e hijo, una forma de fe y otra, así como cada individuo y el destino de Dios para él o ella. Una y otra vez las personas están dejando de vivir las vidas para la que Dios les puso en esa tierra: vidas de plenitud, abundancia, entendimiento, aceptación y gozo. No hay que buscar mucho entre los titulares para ver la colección de injusticias contra las que debemos seguir luchando. Vivimos en tiempos oscuros, quizá moralmente los más oscuros que el mundo haya experimentado jamás.

Sin embargo, cuando las cosas son más oscuras, incluso la más pequeña de las luces puede brillar lo suficiente para que quienes están perdidos encuentren su salida. Y tampoco somos un pueblo de luces pequeñas. Quizá deberíamos borrar de nuestra memoria la letra de esa antigua canción de niños "Esta lucecita que tengo". Jesús lo dijo así:

> Vosotros sois la luz del mundo; una ciudad asentada sobre un monte no se puede esconder. Ni se enciende una luz y se pone debajo de un almud, sino sobre el candelero, y alumbra a todos los que están en casa. Así alumbre vuestra luz delante de los hombres, para que vean vuestras buenas obras, y glorifiquen a vuestro Padre que está en los cielos.
>
> —Mateo 5:14–16

Cuando Jesús habla de nuestra luz, no habla en primer lugar de una vela; habla de una ciudad. ¿Por qué? Porque aunque quizá le cueste ver una vela desde el espacio exterior, puede ver una ciudad desde el cielo.

Sin duda vivimos en una época en que están sucediendo cosas horribles en la tierra, pero no somos impotentes para cambiar para bien esas cosas. Puede que seamos reacios a lo que podemos lograr porque no tenemos autoridad ni acceso a las salas gubernamentales de nuestra nación, pero olvidamos que tenemos autoridad para influir en las decisiones que se toman en las cámaras del Congreso del Creador del universo mismo. Tenemos influencia. Somos agentes de cambio. Tenemos autoridad en los cielos; de hecho, somos la clave para marcar una diferencia para miles, sino millones. Y lo hacemos mediante la oración intercesora. Pero si no entendemos nuestra posición y poder en nuestros lugares de oración, no marcaremos ninguna diferencia. Es como agarrar una corneta y no saber tocarla. Sin duda podemos llamar la atención por hacer ruido con ella, pero no tendremos destreza ni ejerceremos mando o autoridad con los ruidos que hagamos. Nadie va a reunirse al sonido de nuestro llamado a la batalla ni a discernir las órdenes estratégicas del cielo para movernos al unísono. Es como defender un caso ante un jurado sin saber hablar el idioma de la sala de justicia. Aunque tengamos mucho entusiasmo, no haremos ningún bien.

Es momento para apartar nuestros ojos de nuestras circunstancias y ponerlos en el Dios que llamó a José en la prisión, a Moisés en el desierto, a David en el campo, a Pedro en su barca de pesca y a Pablo en su terrorismo. El lugar donde usted está en el espacio y el tiempo es el lugar donde Dios le ha puesto para ver lo que está viendo y preocuparse por lo que le preocupa. Es probable que lo que le molesta a usted también le moleste a Dios. Usted es agente de Él, dondequiera que esté, para cambiar las cosas.

Vivimos en un mundo caracterizado por guerras y rumores de guerra. Estamos en el fragor de la batalla: batallando por nuestros hijos, luchando por nuestros matrimonios, nuestros hogares, nuestra salud, nuestra seguridad laboral y nuestra nación. En el ámbito nacional y global hay una batalla sobre las drogas, el terrorismo, el hambre y la esclavitud. Las batallas están aumentando y hay mucho en juego, pero solo cuando nuestras acciones están saturadas por la oración veremos avance y victoria.

La oración es el poder más fuerte para resolver problemas a disposición de la humanidad. S. D. Gordon dijo: "Lo más grande que nadie puede hacer por Dios y por el hombre es orar. La oración es el golpe ganador". La oración es dinámica. La oración es una tecnología del Reino y un arma espiritual de destrucción masiva contra el mal. En lo natural, la tecnología es la aplicación de las metodologías científicas, especialmente aplicadas a objetivos de sistemas, industriales o comerciales. La oración es la aplicación de las metodologías del cielo que sistemáticamente logran que se alcance el plan de Dios para el hombre. La oración es una fuerza espiritual que ejerce y ejercita una influencia continua y decisiva tanto en el mundo natural como en el espiritual, provocando un cambio dentro de sus sistemas y habitantes. Por tanto, la oración debería ser el elemento sobresaliente de la estrategia de vida de cada creyente. Sin ella estamos condenados al fracaso. Con ella somos más que vencedores.

PRIMERA PARTE

ORACIÓN *desde* la FORTALEZA

A los hombres [y mujeres] que piensan que orar es su principal tarea y dedican tiempo a ello considerándolo como algo de gran importancia Dios les confía las llaves de su Reino, y por medio de ellos obra sus maravillas espirituales en este mundo. La oración es la señal y el sello de los grandes líderes de Dios y la más firme fuerza vencedora con la que Dios coronará la labor de ellos.[1]

—E. M. Bounds

UNO

JUSTAMENTE DONDE USTED ESTÁ

Entender nuestro propósito en la oración

Dios ha puesto todo bajo la autoridad de Cristo, a quien hizo cabeza de todas las cosas para beneficio de la iglesia. Y la iglesia es el cuerpo de Cristo; él la completa y la llena, y también es quien da plenitud a todas las cosas en todas partes con su presencia.

—Efesios 1:22–23, NTV

Entonces, cuando Dios llame, ¿le encontrará dispuesto para su misión en la tierra?

Cuando Dios llamó a José cuando era adolescente en un sueño, se acercó a un joven orgulloso y testarudo que no tuvo la discreción de guardar para sí el mensaje de Dios para él. Lo que tenía la intención de ser una lanzadera a una vida de servicio civil se convirtió en cambio en un pararrayos de los celos de sus hermanos y el catalizador para que fuera vendido como esclavo. No puedo dejar de pensar que si el corazón de José hubiera sido diferente en ese punto de su vida, su camino desde el patrimonio de su padre en Canaán hasta el liderazgo en Egipto podría haber sido totalmente diferente. ¿Qué podría haber ocurrido si Moisés no se hubiera ocupado por sí mismo de liberar a los esclavos hebreos cuando era joven y nunca hubiera matado al egipcio? ¿Podrían haber sido sus viajes más parecidos a los de David o Daniel? ¿Viajes que comenzaron con corazones dedicados a Dios en lugar de corazones que necesitaron grandes cambios de orientación y años perdidos en el desierto hasta que Dios pudo acudir a ellos de nuevo y volver a introducirles en sus propósitos?

¿Dónde estará cuando Dios acuda a usted con un plan más grande para su vida? ¿Estará abierto a aceptarlo, o tendrá que ir a la escuela en la lejanía del desierto como le ocurrió Moisés, o tendrá que pasar por un proceso humillante tan riguroso como el de José? La diferencia la determinará su vida de oración: de una forma o la otra.

Cuando Dios salió al encuentro de Saulo (que se convertiría en Pablo) en el camino de Damasco, se topó con un hombre lleno de religión y conocimiento de las Escrituras, pero ignorante de quién era realmente Dios. Pablo estaba tan celoso por la "justicia", que estuvo dispuesto a instigar asesinatos para proteger la religión según él la conocía. Pero la verdad suprema no se encuentra en la religión; se encuentra en Jesús. Ciertamente podemos aprender de la religión como una manera de buscar a Dios, pero debemos acudir a Jesús para entender verdaderamente a Dios. Pablo podía haber empleado toda su vida intentando agradar a Dios a su manera, pero cuando se encontró con Jesús, todo cambió. Pablo cambió su celo por demostrar quién era él por convertirse en un hombre de oración hambriento de conocer a Jesús mediante el Espíritu y la Palabra. Debido a que Pablo buscó a Jesús con tanta intensidad, fue a Pablo a quien Dios le reveló la arquitectura de la Iglesia, y no a ninguno de los otros apóstoles. Por esa razón Pablo fue el principal escritor inspirado por Dios para escribir el Nuevo Testamento.

¿Qué cambió en Pablo? Lo leemos en Hechos 9, inmediatamente después de su encuentro con Jesús en el camino de Damasco: "donde estuvo tres días sin ver, y no comió ni bebió" (v. 9). Aunque no lo dice explícitamente aquí, no creo que Pablo solo ayunase durante ese periodo. Creo que por primera vez en su vida también comenzó a humillarse verdaderamente y buscar a Dios. En Gálatas añade: "no consulté en seguida con carne y sangre" (Gálatas 1:16), queriendo decir que sus años iniciales como cristiano no los pasó aprendiendo de los discípulos, sino de Cristo mismo mediante la oración. Aunque es posible que Pablo pudiera haber oído a Jesús hablar en persona, no hay datos históricos al respecto. Creo que Pablo nunca habría sido el perseguidor en el que se convirtió si hubiera tenido un encuentro con Jesús en la carne; y debido a que él fue el único de los primeros apóstoles que no conoció a Jesús como ser humano, su papel llegó a ser fundamental. Como quienes siguieron en siglos posteriores que no pudieron caminar con Jesús como Pedro, Juan y el resto de los discípulos habían hecho, Pablo fue el apóstol que mejor entendió la naturaleza de la Iglesia: la comunión de todas las personas que vendrían después y que solo podrían conocer a Jesús mediante la oración y la Biblia.

Aunque encontrarse con Jesús cara a cara en el camino de Damasco cambió el curso de la vida de Pablo para siempre, no fue una transformación de la noche a la mañana. Le tomaría aproximadamente 17 años de oración y estudio hasta convertirse en el hombre que conocemos como Pablo, el apóstol a los gentiles. (Véase Gálatas 1:18–2:1).

Por tanto, vemos dos segmentos distintos que ocurren en las vidas de todos estos héroes de la Biblia. Hubo un momento de llamado y un momento de entrar en ese llamado, o como muchos dicen, ser *llamado* y después *apartado* como menciona Hechos 13:2: "*Apartadme* a Bernabé y a Saulo para la obra a que los he llamado" (énfasis añadido). Pablo había sido llamado a la obra de Dios desde antes de nacer: "Pero cuando agradó a Dios, que me apartó desde el vientre de mi madre, y me llamó por su gracia" (Gálatas 1:15), pero no fue apartado para ese llamado hasta que Dios vio que estaba listo para ser el hombre capaz de caminar en ese llamado. Vemos que hay siempre un periodo de preparación en el que la oración íntima y sistemática es un componente principal. Para Pablo, así como había sido para José, esa preparación ocurrió después de la primera gran revelación de Dios (el sueño de José cuando era adolescente contrariamente al encuentro de Pablo con Jesús en el camino de Damasco), mientras que para otros como Daniel y David, esa preparación en oración se produjo antes de que fueran reconocidos sus llamados iniciales (cuando David fue ungido por Samuel y cuando Daniel fue llamado ante Nabucodonosor para interpretar su sueño); esos tiempos de reconocer el llamado y ser apartado ocurrieron casi simultáneamente.

Los "llamados"

La palabra para *iglesia* en el Nuevo Testamento es la palabra griega ἐκκλησία, que se puede traducir literalmente como "los llamados". Si alguien ha sido llamado de algo, es porque otra persona ha realizado dicho llamado. En este sentido, la palabra ἐκκλησία tiene la connotación de ser una asamblea de personas a las que un rey ha llamado para escuchar su visión acerca de cómo debería ser su reino. Más concretamente, cada persona de la asamblea tiene un llamado o responsabilidad únicos que cumplir en ese reino, un lugar y una tarea que ningún otro miembro del grupo puede desempeñar. Con el mundo en su estado actual, cada individuo que confiesa a Jesucristo como Señor y Salvador debería en algún momento llegar a un lugar de búsqueda, entendimiento y conformidad con el llamado único que Dios tiene para él o ella. Este es el propósito principal y, por tanto, más importante de la oración. Podemos saber acerca de la salvación y muchos otros componentes importantes de vivir en el Reino de Dios mediante la predicación de la Palabra, pero el plan individual de Dios para cada persona solo puede ser revelado y confirmado por medio de aquellos que le buscan en Espíritu y verdad.

La Iglesia es una asamblea de individuos en varias etapas de preparación: entre los que están entrando como respuesta al llamado que Dios les hace hacia Él mismo y los que ya están apartados en la misión que Dios tiene para ellos en la tierra. Aunque esto debería ser un continuo equitativamente esparcido de un extremo al otro, mi experiencia ha sido que nuestras iglesias actuales tienden a inclinarse mucho en el extremo del llamado y dicha inclinación va siendo cada vez menor a medida que nos movemos a los que son "apartados" para lo que Dios les ha llamado a hacer en la tierra. Somos salvos y nos unimos a la Iglesia, pero con demasiada frecuencia después de eso no hacemos mucho más que ocupar los bancos cada domingo en la mañana y miércoles en la noche.

Creo que esto se debe a varias razones. En este punto sería fácil vagar por los problemas que, durante los siglos, han operado para hacer que la Iglesia sea menos de lo que Dios quiere que sea. Aunque quizá haya algunas lecciones dignas de aprender con respecto a este tema, ocuparía mucho más del espacio que podríamos dedicarle aquí, y no nos ayudaría lo suficiente para que valga la pena el paréntesis. La mayoría de iglesias contemporáneas, creo yo, están interesadas en lo que el Espíritu de Dios está diciendo hoy día y en aprender cómo pueden colaborar con el Espíritu Santo para verle obrar más entre sus miembros y sus comunidades. Por tanto, en vez de buscar culpables, creo que es mejor buscar prácticas que nos puedan llevar a que la Iglesia sea más lo que Dios quiere que sea en la tierra en lugar de explorar todas las razones de nuestros defectos.

Por tanto, hablando de un modo práctico, a medida que la iglesia local lucha para mantener el evangelio de Jesucristo en el frente de batalla, a veces es difícil quitar nuestras energías del evangelismo para establecer el Reino de Dios en nuestras comunidades. La mayoría de las iglesias activas hoy día pasan la mayor parte de su tiempo en las doctrinas elementales de cómo convertirse en seguidor de Jesús. Ayudar a las personas a tomar la decisión de seguir a Cristo se ha convertido en nuestra *raison d'être*: nuestra *razón de ser*. Hemos trabajado tanto durante tanto tiempo para que la gente tome esta decisión tan importante que hemos olvidado las riquezas que experimentan sociedades enteras cuando establecemos su Reino en la tierra.

Esto ha provocado una separación gradual de la persona cristiana. A finales del siglo XIX, organizaciones como el Ejército de Salvación, bajo el liderazgo de William y Catherine Booth y los hogares para niños de George Müller consideraban el ocuparse de los pobres y necesitados, de los huérfanos y las viudas, de los oprimidos y los explotados, la principal tarea de la Iglesia. Trabajaron mucho en cuanto a la reforma social y comenzaron muchas de las instituciones que hoy día consideramos responsabilidad de los gobiernos: oficinas de empleo, formación laboral, albergues para vagabundos, casas para huérfanos, distribución de ayuda social, y otras. Su teología estaba basada en la idea de que el mundo sería cada vez mejor a medida que el Reino de Dios se extendiera hasta el grado de que las cosas fueran tan buena sobre la tierra que Jesús pudiera tomar el mando. Las escuelas enseñaban con una base bíblica (muchos libros de lectura estaban basados en principios bíblicos, ética y versículos), y los estudiantes comenzaban cada mañana con una oración. (El juramento de lealtad no apareció en las escuelas hasta los años cuarenta). De hecho, la prohibición fue un gran triunfo de este tipo de pensamiento (y a pesar de lo mucho que los historiadores reflejan la prohibición, hizo mucho para cambiar cómo se veía el consumo de alcohol en Estados Unidos y para disminuir en gran manera el abuso de licores incluso después de ser derogado). Piense por un instante en lo que costó movilizar a toda una nación para introducir una enmienda constitucional para prohibir la venta de bebidas alcohólicas de cualquier tipo, y comenzará a entender la gran influencia que tuvieron esos grupos cristianos con la entrada del siglo XX.

Pero las cosas comenzaron a cambiar a principios del siglo XX. Con el fracaso de la Prohibición y después el juicio a Scopes en 1925 que llevó preguntas sobre la creación de Dios del universo al debate público, los cristianos comenzaron a ver poco a poco "el mundo" como un lugar peligroso, y casi de forma sistemática comenzaron a separarse creando su propia subcultura. Las personas comenzaron a ver una división entre lo que hacían "en la iglesia" y lo que hacían el resto de la semana. Esto llegó a su punto más alto cuando finalmente se quitó la oración de las escuelas en 1962. Los niños comenzaron a aprender un conjunto de reglas para la clase y el comedor, y otro conjunto en la escuela dominical y en la mesa familiar. A medida que las ciudades crecían y se iban desconectando más, también aprendieron que cada vez eran menos probables que tuvieran que dar cuentas en la escuela dominical de lo que habían hecho el sábado en la noche. La escisión en sus propias vidas y en la sociedad entre lo secular y lo sagrado fue poco a poco cada vez mayor. El paradigma cristiano cambió de establecer el Reino de los cielos en la tierra a preservarse a uno mismo y a los seres queridos del mundo por causa del cielo. Nuestros métodos para ayudar a los pobres y desamparados pasó de liberar el Reino de los cielos en el mundo (recuerde cuál dijo Jesús que era su misión en Isaías 61 y Lucas 4:18–19) a "salvar el alma de las personas". Repentinamente, las malas condiciones que alimentaban la pobreza, la negligencia y la explotación se convirtieron en algo secundario, por detrás de salvar a los pobres, desamparados y explotados espiritualmente. Haciendo lo que podíamos para poner un esparadrapo en sus necesidades físicas, avanzamos en nuestros esfuerzos por salvar el alma de una persona. Comenzamos a vivir para el cielo y a hacer cada vez menos bien en la tierra.

Pero la Gran Comisión de Mateo 28:18–20 no nos dice que hagamos convertidos, sino que "hagamos discípulos". La iglesia local debía ser algo más que un listado de direcciones y un lugar para que ensaye el coro. Es el Consulado del cielo en tierra extranjera. Es un centro educacional, un lugar de reunión para que las mentes más creativas y cuidadosas de una comunidad logren encontrar soluciones y celebrar éxitos. Es donde las personas acuden a encontrarse con personas que representan el cielo, embajadores y trabajadores benéficos, para negociar cómo suplir sus necesidades físicas, sociales, emocionales, intelectuales y espirituales. La Iglesia es el microcosmos del Reino de Dios en la tierra. Cuando la gente entra en una iglesia local, debería sentir lo que sentiría al entrar al Reino del cielo. Por eso, la Iglesia solo encuentra su expresión cuando su contexto es el Reino de Dios. Si estamos viviendo en algo menos, estamos andando en frustración y derrota.

El concepto de la Iglesia se inició con Jesús. No existía en el Antiguo Testamento. Su función es distinta a la del tabernáculo. El tabernáculo era el lugar donde se encontraba el lugar santísimo y la presencia de Dios moraba entre su pueblo. Los hombres y las mujeres acudían al tabernáculo, pero no podían entrar en la presencia de Dios. Sin embargo, la Iglesia es para que el Cuerpo de Cristo se reúna en la presencia de Dios y donde habita el Espíritu Santo. En el Nuevo Testamento se compara el tabernáculo con el cuerpo del creyente individual, dentro del cual Dios está presente: "¿O ignoráis que vuestro cuerpo es templo del Espíritu Santo, el cual está en vosotros...?" (1 Corintios 6:19). La cabeza de la Iglesia, Jesús mismo, debe tener comunicación directa con cada parte individual del Cuerpo, pero las partes del cuerpo no funcionan bien las unas sin las otras. Los órganos digestivos no valen de mucho si no coordinan sus actividades con las manos que ponen la comida en la boca. Los pies no son muy útiles sin unos ojos y unos oídos que les ayuden a saber por dónde correr. Sin el Cuerpo, Cristo la cabeza no tiene un vehículo para poner en acción sus pensamientos, sus conceptos, sus ideologías, su visión, sus preceptos, sus filosofías o sus estrategias. Él habla proféticamente esas cosas en la atmósfera de la Iglesia, en la "burbuja" de su presencia que es su Cuerpo en la tierra, buscando a quienes escuchen y pongan sus planes a funcionar. Pero cada uno de nosotros tiene tan solo una parte del "misterio" del plan de Dios para la tierra. Nos necesitamos unos a otros para tener el cuadro completo. Así, la Iglesia no es un edificio; es un conjunto de todos aquellos que escuchan y obedecen la voz de Dios. Es la compilación e integración de todos los que saben cómo orar, usar la oración para oír del cielo y después buscar maneras de hacer realidad en la tierra lo que han oído.

En Efesios 3:9, Pablo llamó la Iglesia "la dispensación del misterio", o podríamos decir, de aquellos que tienen "conocimiento en el misterio de Cristo" (Efesios 3:4). Otra traducción de Efesios 3:9 se refiere a ello como la administración del misterio. ¿Cuál es el propósito de esta "dispensación" o "administración"? Según lo describe Pablo, la gracia fue dada:

> Para que la multiforme sabiduría de Dios sea ahora dada a conocer por medio de la iglesia a los principados y potestades en los lugares celestiales, conforme al propósito eterno que hizo en Cristo Jesús nuestro Señor, en quien tenemos seguridad y acceso con confianza por medio de la fe en él.
>
> —Efesios 3:10–12

Esto significa que incluso los ángeles en el cielo están esperando entender el misterio del plan eterno de Dios para nuestro universo, y que no lo aprenderán acudiendo a Dios y preguntándole; solo lo aprenderán observando a la Iglesia en la tierra y viendo el plan misterioso de Dios revelándose por medio de nosotros. Como Pablo dijo anteriormente en Efesios, Dios nos ha dado "a conocer el misterio de su voluntad, según su beneplácito" (Efesios 1:9). Esta es una gran responsabilidad y a la vez un gran privilegio; y de alguna manera creo que es mucho más que tan solo añadir nombres a nuestra lista de personas que han sido salvadas a través de nuestros ministerios. Dios tiene misterios mayores que revelar al mundo. Él aún tiene por hacer "obras mayores" que estas (Juan 14:12).

LUGARES FINOS

Pablo era profundamente romano. Es difícil no ver su manera grecorromana de expresar ideas y su integración de las filosofías grecorromanas en lo que enseñaba y escribía. Es natural. Para alcanzar a los romanos, hablaba como romano; para alcanzar a los judíos, hablaba como judío. Como él mismo lo describió: "Me he hecho débil a los débiles, para ganar a los débiles; a todos me he hecho de todo, para que de todos modos salve a algunos" (1 Corintios 9:22). Pablo decidió aprender cómo cada cultura distinta se relacionaba con Dios para ser capaz de abrir mejor el misterio de Cristo a ese grupo. Cuando distintas culturas interactuaban con la Palabra de Dios, él vio que cada uno entendía matices distintos que diferían de una cultura a otra, y estoy seguro que Pablo aprendió de las diferentes interacciones de cada cultura con Cristo.

Esa es una de las razones por las que me fascina ver cómo diferentes sociedades y grupos llegan a entender a Jesús cuando le conocen, sin importar cuál fuera su anterior religión o trasfondo. Creo que en cada religión sobre la tierra hay semillas de verdad para entender a Dios, porque si una religión no tuviera ni un ápice de verdad, no creo que nadie la siguiera. Y aunque Jesús es la única puerta mediante la cual podemos ir a Dios, creo que hay matices de conocer a Dios que cada uno tiene de manera única. Como me gusta decir, hay muchos caminos pero solamente una puerta. La cultura occidental nunca entenderá todo lo que hay que conocer de Dios a menos que escuche cómo otras culturas y etnias llegan a Dios mediante Cristo. Somos el Cuerpo, no el cerebro; cada uno conocemos "en parte" (1 Corintios 13:12). Por eso encuentro una gran revelación para la oración al leer los escritos antiguos de *El arte de la guerra*, de Sun Tzu, porque gracias a su herencia oriental, aportó cosas a la conversación sobre la guerra espiritual y la oración que nunca podría haber encontrado por mí misma.

Creo que algo similar ocurrió cuando el primer misionero salió fuera del imperio romano a predicar el evangelio de Jesucristo. Este misionero no fue Pablo, que solo fue a lugares dentro del imperio romano, sino Patrick, que fue a los celtas alrededor del año 432 d. C., cuando la influencia de Roma se estaba desvaneciendo. La Iglesia romana siguió los caminos romanos. Se estableció en el centro del poder, edificando sus iglesias donde las guarniciones establecían fortalezas, y después ministrando a las personas cuando acudían a esas capitales locales. Sin embargo, cuando el evangelio interactuó con la cultura celta, las cosas se hicieron de modo diferente. En cambio, los ministros celtas salían a donde estaba la gente. Edificaban sus iglesias y monasterios en las plazas de las ciudades, en los mercados y en las intersecciones más transitadas, y ahí oraban y servían a las comunidades. Se convirtieron en escribas porque las personas necesitaban libros para preservar sus tradiciones, y algunos incluso atribuyen a los irlandeses el haber salvado la cultura occidental, porque si no hubiera sido por esos escribas, quizá no tendríamos las obras de Platón, Aristóteles, Homero, Virgilio y otros muchos en nuestras bibliotecas hoy día. Todas las copias se habrían perdido con la desintegración de Roma. (Véase *De cómo los irlandeses salvaron la civilización*, de Thomas Cahill).

Al acudir a esos lugares intentando servir, no lo hicieron con ejércitos poderosos. Por naturaleza, los frailes emergían de la tradición de los guerreros celtas, luchadores sin miedo hasta el punto de parecerles locos a sus enemigos. Los frailes eran, esencialmente, monjes guerreros. Cuando iban a servir, también iban a luchar, pero entendiendo las cosas espirituales, pelearon sus batallas primero y sobre todo en los cielos. Iban a lugares, miraban a su alrededor, comenzaban orar y después hacían lo que Dios les decía en oración que hicieran.

Las áreas bañadas en este tipo de oración recibían la reputación de "lugares finos", lugares donde el velo entre el cielo y la tierra se había desgastado de tal manera mediante la oración que era más fácil que las cosas "funcionaran". No se me ocurre una definición mejor y más simple del propósito de la oración y de para qué está la Iglesia. Debemos ser lugares donde el cielo toca la tierra, donde las leyes y la provisión del Reino del cielo están disponibles más fácilmente.

Nuestras iglesias no deben ser tanto centros de rescate como embajadas que representan el Reino de Dios aquí en la tierra. Deben ser centros de intercambio cultural que reúnan diferentes trasfondos y religiones para tener un encuentro con Jesús y ver lo que pueden aprender a los pies de la cruz y en la entrada del sepulcro vacío. Deben ser centros de creatividad, arte, expresión, innovación, invención y transformación. Debe ser lugares donde las medias ideas se juntan unas con otras para ser un todo; donde las corazonadas chocan unas con otras para formar soluciones; donde la diversidad concibe nuevos niveles de entendimiento, revelación y perspectiva; donde las piezas del gran rompecabezas del misterio de Jesucristo se encuentran unas con otras y conectan. Deben ser centros educativos para ayudar a las personas a aprender el paradigma del cielo y cómo ver de la manera en que Dios ve. Entramos y formamos parte de nuestras iglesias locales como personas que buscan la ciudadanía de un nuevo Reino, pero deberíamos salir equipados como embajadores y representantes de ese Reino en nuestros lugares de trabajo, vecindarios e incluso nuestros propios hogares. En cambio, intentamos salir sin hacer ruido como espías esperando que no les descubran; ¡no debiera ser así!

La verdadera esencia de la educación no es conformar a las personas a una imagen que alguien tenga de lo que debería ser el "ciudadano" perfecto de una comunidad, sino sacar de cada persona (revelar, descubrir, desvelar, desenterrar, minar, exponer y luego equipar, nutrir, refinar, desarrollar y liberar) lo que Dios puso dentro de ese individuo antes del día en que nació, eso que el mundo necesitaba y que nunca antes había tenido. El sistema del mundo entiende que si puede controlar el sistema educativo, puede controlar los sistemas de creencias de las personas, y si puede controlar el sistema de creencia de las personas, puede controlar su destino. La Iglesia también tiene que entenderlo. No estamos aquí para controlar a las personas y hacer que se unan y apoyen nuestras listas; ¡estamos para liberar el pedacito de Reino de Dios encerrado dentro de cada una de ellas y liberarlo al mundo!

O bien el destino es dado por Dios, revelado por Dios y dirigido por Dios, o no es nada. Por esta razón, como Iglesia, debemos renovar nuestro vigor y disciplina en la oración. Debemos entenderlo de nuevo. Tenemos que transformar un mundo, y necesitamos las ideas de Dios para hacerlo. La única manera de conseguirlas será nuevamente desgastar el velo entre el cielo y la tierra mediante la oración. Cada uno tiene una parte que desempeñar. Cada uno tiene dones, llamados, habilidades, destrezas y talentos que Dios nos ha dado particularmente para impactar nuestros trabajos, comunidades, naciones y el mundo. Es hora de llevar todo eso al frente de batalla y comenzar a empujar al enemigo de regreso al mar. Es tiempo de que más de nosotros nos levantemos y tomemos nuestro lugar en la lucha.

DOS

¡PUESTOS DE COMBATE!

Entender nuestro lugar en la oración

Dios no hace nada sino como respuesta a la oración…
Cada nueva victoria que un alma gana es la
consecuencia de una nueva oración.

—John Wesley

El hombre de Dios se puso en pie sobre unas rocas junto a la ladera del monte dirigiéndose a la multitud dispersa en la distancia. "¿Cuánto tiempo más estarán sin tomar una decisión?", clamó.

Todas las personas sanas de Israel que pudieron acudir se habían congregado como respuesta a la invitación del profeta a un enfrentamiento entre el reino de Acab y el reino de Jehová. En la grieta de la roca de Elías solamente estaba él; en el lado opuesto estaban 450 profetas de Baal y 400 profetas que habían acudido por mandamiento de Acab y representaban a sus dioses. Las posibilidades eran abrumadoramente desfavorables para la mente natural, pero a Elías no parecía impresionarle la multitud frente a él. Muchos en esa multitud sentían que verían sangre ese día. Sería el último día de Elías para molestar a Israel. Algunos hicieron apuestas, mientras que otros en secreto oraban al verdadero Dios de Israel para que liberase a su profeta, haciéndolo en voz baja, temerosos de que alguien en la multitud a su lado pudiera leer sus labios y señalarles.

"Si el Señor es Dios, seguidle; y si Baal es Dios, seguidle".

En este instante, incluso los jugadores guardaron silencio y miraron al solitario hombre en pie. ¡Qué descaro! ¡Qué bravuconería! ¡Qué desafío al rey! Seguro que moriría ese día, pero ¿qué pasaría si por casualidad hubiera algo más que ingenua arrogancia detrás de sus osadas palabras? ¿Qué tal si, por casualidad, el Dios de sus padres fuera el único Dios verdadero y ellos fueran los que estaban equivocados? ¿Qué sucedería si hubiera otra manera de vivir? ¿Qué tal si hubiera una manera mejor de hacer justicia? ¿Realmente este Elías se lo enseñaría? ¿O moriría de una muerte sangrienta ante sus propios ojos?

La tensión en el aire era casi palpable. ¿Realmente existía Dios?

Entonces Elías explicó el plan para el duelo entre los dos reinos: Baal contra Jehová. Se matarían dos toros y se prepararían para el sacrificio en una plataforma de madera, pero no encenderían el fuego. Los profetas de Baal invocarían a su dios, y Elías invocaría el nombre del Señor. Elías miró atentamente a la multitud congregada y terminó el desafío con: "Y el Dios que responda con fuego, Él es Dios".

La gente respondió: "Bien dicho".

Elías dejó que los profetas de Baal lo intentaran primero. Era por la mañana temprano cuando empezaron, y después fueron pasando las horas mientras ellos invocaban con oraciones. A medida que avanzaba el tiempo se iban inquietando más. Comenzaron a danzar alrededor del altar, saltando como hombres enloquecidos.

Cerca del mediodía, la multitud comenzó a aburrirse con la actuación y se sentaron en grupos a almorzar y hablar, mirando solo de vez en cuando para ver si había cambiado algo. De repente, Elías volvió a hablar. "Griten más alto, porque es un dios; quizá esté meditando, o esté ocupado, o quizá se haya ido de viaje, o a lo mejor está durmiendo y no se despierta". Picados por sus palabras, los profetas de Baal comenzaron a inquietarse más e incluso agarraron cuchillos y se cortaron para derramar su sangre sobre el altar mientras clamaban para invocar que descendiera el fuego. La multitud hizo silencio y volvió a prestar atención cuando vieron la sangre de los profetas de Baal, pero seguía sin ocurrir nada. Horas después se habían vuelto a aburrir con el espectáculo y volvieron a hablar entre ellos.

Cuando se pasó la hora del sacrificio de la tarde, Elías sintió que ya les había dado tiempo más que suficiente. "Acérquense", le gritó a la gente, y la multitud que quedaba se levantó y se acercó. La tensión crecía. Ante él había un antiguo altar que había estado abandonado durante generaciones. Elías tomó una piedra y la colocó sobre otra, repitiendo esta operación doce veces, una por cada tribu de Israel. La reverencia con que lo hizo era algo que nadie en la multitud había visto jamás. Todos querían ver lo que estaba ocurriendo, asombrados por un cambio en la atmósfera como nunca antes lo habían sentido. Producía temor y al mismo tiempo paz; algo glorioso y reverente a la vez.

Elías cavó zanjas alrededor del altar. Después apiló la madera, preparó el toro y lo puso sobre la madera. "Llenen cuatro cubas de agua y derrámenlas sobre el sacrificio y la madera", ordenó. Así lo hicieron. "Háganlo de nuevo", dijo. De nuevo, volvieron a hacerlo. "Háganlo una vez más", ordenó, y obedecieron.

El hoyo estaba lleno de agua, y la madera empapada y goteando, y la carne también empapada. Si se hubiera cubierto de aceite y acercado una antorcha, quizá habría prendido el aceite, pero se habría consumido antes de haberse evaporado todo el agua. La multitud estaba perpleja y asombrada por esas acciones. ¿Qué estaría planeando hacer Elías?

Después Elías alzó su mirada al cielo y oró:

Señor Dios de Abraham, Isaac e Israel, que en este día sepan todos que tú eres Dios en Israel y que yo soy tu siervo, y que he hecho todo esto por tu palabra. Escúchame, oh Señor, óyeme, para que este pueblo sepa que tú eres el Dios, y para que vuelvan de nuevo a ti sus corazones.

Inmediatamente, como un rayo, fuego cayó del cielo, consumiendo el sacrificio, la madera, las piedras del altar y evaporando el agua que había en la zanja. En cuestión de segundos, no había nada sino cenizas y tierra humeante.

La multitud se postró rostro en tierra y clamó: "¡El Señor es Dios! ¡El Señor, es Dios!".[1]

DUDANDO ENTRE DOS OPINIONES

A veces se nos olvida que vivimos en territorio enemigo.

Para nosotros como cristianos, este mundo no es nuestro hogar. El día que decidimos seguir a Jesucristo, rechazamos los confines, la autoridad y las costumbres de este reino terrenal en favor de la libertad, el poder y el estilo de vida del cielo. El problema es que, aunque espiritualmente fuimos renovados y reconectados con el Reino de Dios, físicamente no fuimos trasladados de una realidad a otra. No estamos repentinamente ausentes en la carne y presentes con el Señor. Hemos sido transformados de ser nativos de la tierra a ser turistas, pero aún más, hemos cambiado nuestra lealtad, de ser partidarios del régimen a ser militantes de la resistencia activa. Ahora somos parte de los luchadores de Dios por la libertad. Ya no apoyamos la estructura de poder de un gobierno corrupto que devora a sus ciudadanos, sino que nos hemos convertido en agentes de cambio, buscando oportunidades para desbancar al actual déspota, aquel que 2 Corintios 4:4 llama "el dios de este siglo", resistiendo su propaganda y reclutando nuevos miembros para que se unan a nuestra lucha. Buscamos liberar a los prisioneros, abrir los ojos de los ciegos, llevar buenas noticias a los presos y sanar las heridas de los quebrantados y oprimidos. Somos los disidentes de Dios, y aunque nuestras actividades no son siempre secretas y clasificadas, no somos miembros bienvenidos del "bando del mundo". Algunos incluso tachan nuestras actividades de subversivas y conspiratorias, y sin duda alguna, si verdaderamente estamos haciendo nuestra tarea como agentes de Dios en la tierra, lo son, pero también tienen un objetivo completamente distinto. No estamos "vendiendo algo" ni intentando conseguir que alguien compre nuestras ideologías para poder controlarles o sacar partido de su apoyo, sino que estamos intentando liberar a personas en Cristo: la única libertad verdadera que existe en la tierra.

Mire, no estamos aquí para vivir en paz con el mal y tolerar un régimen opresivo, sino que estamos aquí para derrocar los poderes que estén fuera de rango y establecer ahí en su lugar el Reino de nuestro Dios. Esos poderes y principados que gobiernan la atmósfera de este mundo y la envenenan con mentiras, engaños, celos, lujuria, infidelidad, profanación, depravación, vicio, manipulación, racismo, intolerancia, contención, explosiones de ira, ambición egoísta, poder, exclusivismo y división, abuso, borracheras, adicciones, glotonería, arrogancia y cosas semejantes no tienen paciencia con quienes practican el "amor, gozo, paz, paciencia, benignidad, bondad, fe, mansedumbre y templanza" (Gálatas 5:22–23). Nosotros, en cambio, no deberíamos tener paciencia alguna con ellos. No deberíamos permitir ni un ápice en nuestras jurisdicciones de estas cosas que luchan para robar la vida a nuestros hijos, vecinos y seres queridos.

Pero esa autoridad y libertad no se ganan sin luchar por ellas, y lo que ocurre es que la lucha ya ha sido ganada por nosotros espiritualmente hablando, pero debemos manifestarlo en lo natural. El enemigo ya ha sido derrotado. Cuando tratamos con demonios y diablos ahora, estamos tratando con artistas del timo, charlatanes que engañan como magos expertos. La única autoridad que tienen es aquella con la que pueden engañar o intimidar a la gente. Por eso Satanás trabaja tanto para difundir su propaganda de temor y engaño en nuestra música, películas y medios de comunicación, imprimiendo su voz en nuestra mente para crear fortalezas y paradigmas mentales. Él quiere acallar las voces de nuestras conciencias y endurecer nuestro corazón ante la humanidad de otros. Él no tiene derecho a seguir al mando, pero como el crimen sindicado, ejerce control acosando, amenazando, asustando y devorando los deseos más básicos de los seres humanos. Aquellos motivados por el egoísmo, la lujuria o la envidia son tan fáciles de manipular como los drogadictos: su adicción al orgullo de la vida y otras lujurias de la carne quizá no sea tan fácil de reconocer, pero les dejan igual de vulnerables a la destrucción.

Si nunca somos conscientes de la autoridad que Dios nos ha dado, el enemigo no tiene motivo para dejar de ejercer la suya. Él es un criminal que toma lo que no le pertenece y ordena a personas sobre las que no tienen ninguna autoridad. Jesús ganó la victoria, pero Él no está aquí en la tierra para hacerla valer, sino que nos la ha confiado a nosotros, su Cuerpo.

¿Ha visto alguna vez una cabeza intentando hacer algo sin su cuerpo? Suena como una de esas películas antiguas de aficionados de ciencia ficción donde el cerebro de algún tipo está conectado a una supercomputadora para dirigir una ciudad. Nunca funciona. Las cabezas solo funcionan si sus cuerpos están conectados a ellas, y los cuerpos solo funcionan cuando están conectados a la cabeza y la obedecen. Si no me cree, intente hacer que su cabeza funcione sin su cuerpo (o viceversa) y vea lo que sucede. La vida sencillamente no funciona de ese modo.

Pocos se detienen alguna vez a pensar que el cielo depende tanto, si no más, de nosotros los cristianos, como nosotros los cristianos dependemos del cielo. La Biblia nos dice que en Cristo "vivimos, y nos movemos, y somos" (Hechos 17:28), pero también nos dice:

> Y busqué entre ellos hombre que hiciese vallado y que se pusiese en la brecha delante de mí, a favor de la tierra, para que yo no la destruyese; y no lo hallé.
>
> —Ezequiel 22:30

En nuestra generación, existe la necesidad de que respondamos a este desafío saliendo de las sombras de la timidez y pasando al primer plano del liderazgo moral y ético. Hay un lugar para cada uno de nosotros en la lucha entre la bondad y las tinieblas en este planeta. Si no nos posicionamos en nuestros lugares en el frente de batalla, habrá brechas en nuestras defensas, y toda la autoridad del cielo significará muy poco. Una autoridad que no se ejercita o se desconoce no es autoridad. Como dijo Arquímedes: "Dame el lugar donde posicionarme, y moveré la tierra". El liderazgo, como la palanca de Arquímedes, cuando es situado en el fulcro de la oración, capacita a los individuos para hacer cambios positivos en sus vidas y sus comunidades, alterando así el curso de naciones y moviendo el mundo y a la humanidad hacia una mejor calidad de vida para todos. En el espíritu ocurre lo mismo: necesitamos el lugar indicado para posicionarnos y aplicar la Palabra de Dios a fin de cambiar los sistemas y sindicatos que mantienen a nuestra generación esclavizada, empobrecida y subyugada.

Cuando Jesús vino a la tierra y anunció su misión en la tierra, citó Isaías 61. Como está registrado en Lucas, Él anunció:

> El Espíritu del Señor está sobre mí,
> Por cuanto me ha ungido para dar buenas nuevas
>   a los pobres;

Me ha enviado a sanar a los quebrantados de
corazón;
A pregonar libertad a los cautivos,
Y vista a los ciegos;
A poner en libertad a los oprimidos;
A predicar el año agradable del Señor.
Y enrollando el libro, lo dio al ministro, y se sen-
tó; y los ojos de todos en la sinagoga estaban fijos
en él. Y comenzó a decirles: Hoy se ha cumplido
esta Escritura delante de vosotros.

—Lucas 4:18–21

Es nuestro momento de encontrar nuestro lugar y comenzar a poner de nuevo en su sitio las cosas que Jesús vino a esta
tierra a liberar.

POSICIONARSE

Cuando se enseña a luchar a los soldados y guerreros, ya sean
artes marciales, boxeo o cómo disparar un arma, una de las
primeras cosas que aprenden es a posicionarse. Una postura
adecuada es crucial para mantener el equilibrio tanto al atacar como al sostener el poder de sus golpes contra el enemigo.
Si alguna vez ha visto un combate de sumo, habrá observado
que la mayor parte del combate trata sobre la preparación de
la postura: la pelea en sí es relativamente corta. Quien consiga mantener una postura más firme es siempre el vencedor; el
que pierde un poco el equilibrio, pierde el combate. El mismo
principio se aplica también al ámbito espiritual y la oración.

Valentía es la resolución para hacer algo o llegar a ser algo
a pesar de temor, dificultad, obstáculos y oposición. La valentía le permite aceptar su temor, abrazarlo como una emoción
legítima y utilizarlo como combustible para lograr metas específicas. El temor es una emoción irracional que le acompaña a

medida que pasa de la familiaridad de su zona de comodidad a territorios nuevos y desconocidos. Ambrose Redmoon dijo: "Valentía no es ausencia de temor, sino más bien el juicio de que otra cosa es más importante que el temor". La valentía que vence todo temor es la valentía que nace de Dios, quien pone victoria divina, el gen de la valentía en su interior mediante su Espíritu. *Él no le ha dado espíritu de temor* (véase 2 Timoteo 1:7). Mire en lo profundo de su ser, y encontrará la valentía para pasar al frente y pronunciarse. La Biblia nos dice en 1 Juan 4:4: "Pero ustedes, mis queridos hijos, pertenecen a Dios. Ya lograron la victoria sobre esas personas, porque el Espíritu que vive en ustedes es más poderoso que el espíritu que vive en el mundo" (NTV). Se manifiesta cuando desarrolla una perspectiva sana y realista de quién es usted en Dios y cuando entiende aquello para lo que Dios le ha capacitado. Muchas personas se han convertido en esclavas del temor infundado. El temor infundado es un estado peculiar de *in-quietud* dentro de la imaginación, que surge en gran parte de una falta de conocimiento. La Biblia afirma que perecemos por falta de conocimiento (Oseas 4:6). Yo creo que no solo menguamos y morimos llevándonos con nosotros a la tumba semillas de grandeza, potencial no cumplido, éxitos de ventas no publicados, melodías nunca cantadas, avances médicos sin descubrir, teorías y filosofías de vanguardia sin terminar, invenciones millonarias no manifestadas y negocios globales no establecidos, sino que también nuestra falta de conocimiento hace que oportunidades divinas y relaciones estratégicas mueran juntamente con ellas.

Cuando usted se convierte en esclavo del temor infundado, también se convierte en esclavo de creencias erróneas, conductas no productivas, paradigmas autodestructivos, prácticas inadaptadas y respuestas ineficaces e inadecuadas que son incoherentes con su deseo de bienestar, éxito y prosperidad. Por tanto, es cuestión de necesidad que usted entienda la importancia de la valentía y los beneficios relacionados con su aplicación a todas las facetas de su vida. El general Matthew B. Ridgway dijo: "Hay dos tipos de valentía, física y moral, y aquel que quiera ser un verdadero líder debe tener ambas. Las dos son los productos del proceso de formación del carácter, del desarrollo del autocontrol, la autodisciplina, el aguante físico, el conocimiento del trabajo propio y, por tanto, de la confianza. Estas cualidades minimizan el temor y maximizan el sano juicio bajo la presión y, con parte de esa cosa indispensable denominada suerte, con frecuencia producen éxito en medio de situaciones aparentemente desesperadas".

El enemigo luchará contra usted en el área en que más le teme. Para resistir la tentación de levantar la bandera blanca que significa que usted se rinde, tome su posición en oración. Será usted equipado con la mente de Cristo. Albert Einstein, en una carta a un profesor emérito de filosofía en la Universidad de la Ciudad de Nueva York, defendiendo el nombramiento de Bertrand Russell para un puesto de enseñanza afirmó: "Los grandes espíritus siempre se han encontrado con oposición violenta por parte de mentes mediocres. La mente mediocre es incapaz de entender al hombre que se niega a postrarse ciegamente a los prejuicios convencionales y en cambio escoge expresar sus opiniones con valentía y sinceridad". Manténgase firme en su posición como representante terrenal de Dios. Sea valiente. La valentía le hará establecer metas plausibles y atreverse a superar las expectativas de aquellos que se le oponen. Valentía es lo necesario para lograr los planes de Dios para su vida. Valentía es el vientre del cual nacen grandes líderes, innovadores y pioneros. La valentía hace que grandes triunfadores y campeones miren en su interior para encontrar la fortaleza mental, moral, emocional y espiritual para cumplir sus metas, alcanzar su máximo potencial, alterar su destino y prevalecer sobre dificultades, dolor, decepciones, fracaso, desafíos morales y peligro mortal para su yo personal y su bienestar. Todos nos enfrentamos a algo que nos desafía. Nos enfrentamos a cierto tipo de temor. Podría ser temor a la gente, temor al ridículo, temor a estar solo, temor al rechazo, temor al fracaso, temor al cambio o temor al compromiso.

¿Sabía usted que cada uno es desafiado en algún momento en el viaje de su vida con algún tipo de temor? Incluso personas a las que podemos percibir como que no tienen ningún temor han tenido momentos en que tuvieron que dejar atrás el temor. La bendición no está en no tener temor, porque hay un temor sano, como el temor de Dios. La bendición, sin embargo, está en los esfuerzos que usted realiza al trabajar hacia llegar a ser mental, emocional y espiritualmente más fuerte y más diestro en aquello que está capacitado para hacer hasta que pueda afrontar y conquistar sus temores. Eleanor Roosevelt dijo: "El peligro yace en negarse a aceptar el temor, en no atreverse a afrontarlo...debe usted conseguir el éxito cada vez. Debe hacer precisamente lo que piensa que no puede hacer".

Dios le dio a Josué la valentía que necesitaba, y él llegó a convertirse en uno de los comandantes más poderosos que la nación de Israel jamás tuvo. Él tuvo que aprender el arte de condicionar su mente para tener éxito en la vida y para ganar. Usted debe aprender el arte del condicionamiento mental: "ceñid los lomos de vuestro entendimiento" (1 Pedro 1:13). No abandone y ceda a sus temores. Adopte la postura de conquistador.

Escuche la Palabra del Señor tomada de Isaías 41:10: "No temas, porque yo estoy contigo; no desmayes, porque yo soy tu Dios que te esfuerzo; siempre te ayudaré, siempre te sustentaré con la diestra de mi justicia".

Si quiere abandonar una relación abusiva, necesita usted valentía. Si quiere comenzar un nuevo negocio, necesita valentía. Si tiene que defenderse a usted mismo y enfrentarse a su gigante, se necesitará valentía. Será necesaria valentía para:

- Hablar contra las injusticias
- Comenzar una nueva vida para usted y su familia
- Pasar de lo familiar a lo poco familiar
- Reubicarse
- Resistir la presión de grupo
- Apartarse de oportunidades que ofrecen grandes recompensas pero ponen en un compromiso sus convicciones
- Obedecer a Dios a expensas de su empleo, reputación o amor
- Decir no cuando se requiere un sí
- Decir sí a un puesto de liderazgo para el que usted no se cree capacitado
- Defenderse
- Resistir la tentación de retirarse o detenerse debido a oposición, crítica o falta de apoyo
- Comenzar un negocio a pesar de la falta de recursos
- Jugársela por algo en lo que usted cree
- Mantener su integridad cuando nadie le está mirando
- Ser usted mismo cuando es más conveniente encajar en la multitud.
- Vivir para Dios en un ambiente contrario a Dios, contrario a Cristo o antisemita
- Mantener su pureza cuando los demás piensan que es usted rígido y cuadrado
- Insistir en cero defectos y la excelencia cuando la mediocridad es la norma
- Convertirse en un pionero y romper el statu quo
- No permitir que su nacionalidad, etnia o género eviten que usted supere obstáculos e impedimentos
- Lograr lo que la gente dice que nunca puede hacerse

- Actuar como catalizador de cambio dentro de su organización, gobierno comunidad
- Tender puentes
- Despedir a empleados que no son productivos
- Establecer límites nuevos y claros
- Confrontar a quien abusó de usted y decir: "¡Hasta aquí!"
- Buscar lo que usted quiere a pesar de los gigantes
- Tragar saliva y decir: "Lo siento"; "Cometí un error"; "Soy culpable"; "Usted tiene razón y yo estoy equivocado"; "Perdón" o "Yo lo dije, y lo siento"
- Regresar a los estudios siendo mayor de cuarenta años
- Demostrar que sus críticos están equivocados
- Seguir adelante
- Cambiar
- Escribir
- Volver a amar
- Volver a confiar
- Volver a creer
- Volver a esperar

Valor, osadía y confianza nos dan un paso firme en la oración para derrotar al enemigo. Tenemos que saber quiénes somos en el espíritu para mover el cielo; de lo contrario, seremos demasiado tímidos como para marcar la diferencia. Hablando de la guerra espiritual, Pablo nos dice:

> Fortaleceos en el Señor, y en el poder de su fuerza...tomad toda la armadura de Dios, para que podáis resistir en el día malo, y habiendo acabado todo, estar *firmes*. Estad, pues, *firmes*.
> —Efesios 6:10, 13–14, énfasis añadido

Es tiempo de ocupar nuestras posiciones en el campo de batalla.

Cuando Jesús estaba en la tierra, dijo a sus discípulos:

> He aquí os doy potestad de hollar serpientes y escorpiones, y sobre toda fuerza del enemigo, y nada os dañará.
>
> —Lucas 10:19

Una de las cosas que necesitamos entender es que *autoridad* y *poder* son dos cosas distintas, aunque a menudo las usemos de manera indistinta. El poder está en el gobierno o el reino que respalda al individuo; la autoridad es una investidura de un individuo como representante del gobierno o reino. Cuando los reinos entran en conflicto, el poder militar con más entrenamiento y armamento, el que tenga un arsenal más sofisticado, será el que se levante como poder reinante.

Nuestro Reino, el Reino del cielo, no solo tiene poder sino también autoridad para reinar. Un oficial de policía, por ejemplo, no tiene poder para detener un camión a mucha velocidad, como por ejemplo lo haría Superman, pero sí tiene la autoridad con que le ha investido el mismo gobierno que concedió la licencia de conducción al camionero. Por eso, cuando un oficial de tráfico levanta su mano en un cruce, los camiones y autos se detienen hasta que el oficial les vuelve a indicar que avancen. No hay magia alguna en el oficial que mantiene su mano en alto para detener el tráfico, sino que el poder del gobierno que le respalda, el cual infligirá penas y multas sobre aquellos que no se detengan cuando el oficial le indique que lo haga, le otorga la autoridad, Y con esa autoridad, su poder físico natural es inconsecuente. Por eso la Biblia nos dice en Joel 3:10: "Forjad espadas de vuestros azadones, lanzas de vuestras hoces; diga el débil: Fuerte soy".

Sin embargo, si el oficial de policía está operando fuera de la autoridad con que fue investido, el gobierno se la quitará y no penalizará a los que no obedecieron. Por tanto, debemos entender la jurisdicción de nuestra autoridad para ejercitarla correctamente. El propósito de aprender a orar bien no es aprender a decir las palabras correctas y conseguir lo que queremos. El poder de la oración no está meramente en las palabras que decimos sino en nuestra relación con Aquel que da la autoridad.

Así, la oración es primeramente, y ante todo, una manera esencial de abrir las comunicaciones con la sala del trono de Dios. Probablemente haya oído esto antes, pero espero que lo entienda un poco mejor. La oración no es un soliloquio, sino un diálogo. Si no es una comunicación de dos vías, no es oración; y no es que Dios no oiga, pero si no estamos abiertos ni somos pacientes para recibir las respuestas y estrategias que Él nos envía, entonces ¿para qué le preguntamos a Dios en primera instancia?

Orar no es delegar. No le damos a Dios una lista de cosas que hacer y luego nos sentamos a esperar a que Él se ocupe de las cosas. La oración es una sociedad. Hay algunas cosas, como preocupaciones, ansiedades y heridas, que debemos llevar a los pies de Jesús y dejarlas ahí para qué Él se encargue de ellas, pero también hay asuntos que llevamos a Jesús para que Él vierta luz a fin de que nosotros sepamos qué hacer o decir. Ayunamos y oramos para traspasar mejor el velo entre la realidad espiritual y la física, para ser más fuertes en el fruto y los dones del Espíritu a fin de ser capacitados para suplir las necesidades de otros cuando se nos presenten. Nos convertimos en el puente entre el amor de Dios y el poder en la tierra. No ahondamos en oración para intentar cambiar a Dios, sino para que Él nos cambie.

No importa en qué parte del mundo se encuentre usted ahora, cualquier "esfera" que usted toque durante el transcurso de la semana en la iglesia, el trabajo, la comunidad, como ciudadano de una nación y del mundo, Dios tiene misiones y tareas que quiere que se lleven a cabo. Es probable que ciertas cosas que conmueven su corazón cuando las ve día a día también conmuevan el corazón de Dios. Él quiere llegar a ese lugar y arreglar cosas, pero necesita manos que lleguen allí, y esa es la responsabilidad de su Cuerpo. Él no está pidiendo solamente una mano que llegue allí en su nombre y haga *algo*; Él quiere que llegue ahí y haga lo que *Él quiere hacer*. Pero si la mano no está en comunicación con la cabeza, ese fallo de comunicación es la desconexión que impide que el cielo toque la tierra.

¿Qué tipo de empleado piensa que puede saltarse las reuniones regulares con su jefe y aun así hacer un buen trabajo? De igual modo, la empresa del cielo solo tiene éxito si sus miembros están en comunicación continua con el Jefe y conocen de memoria el Manual interno: la Biblia. Está claro que la principal manera por la que Dios nos habla es mediante su Palabra, y que Él nunca actúa fuera de las prácticas e instrucciones que ha establecido en las Escrituras. Por eso, meditar en las Escrituras es el sistema de comprobación de nuestras acciones. Somos personas del Espíritu *y* la Palabra. No es tanto que las dos tengan la misma autoridad, sino que hay sinergia entre ellas. Una persona que entiende su autoridad como lo describe la Palabra y lo confirma el Espíritu Santo se convierte en algo más que la suma de los factores. Es parecido a la diferencia que existe entre el poder de la suma y el poder de la multiplicación. El incremento inicial no es muy distinto, pero cuanto más avanza, la curva comienza a distanciarse de manera enorme según avanza cada paso en lugar de incrementar la misma cantidad con el trascurso de los pasos.

MEDIANTE NUEVOS OJOS

Otra parte importante de este proceso de transformación es comenzar a ver las personas y las cosas como Dios las ve.

Tenemos que entregar a Dios nuestros ojos espirituales y pensamientos para que Él los pueda reemplazar por los suyos.

Por ejemplo, veamos al siervo de Eliseo en 2 Reyes 6:8–23. Un día se levanta para ir a las puertas de la ciudad, y ante él está el ejército de Siria. El despliegue de fuerzas ha sido enviado a matar a Eliseo porque él le ha pasado información acerca de los movimientos de los ejércitos sirios al rey de Israel. El siervo de Eliseo vio caballería, artillería y soldados de infantería en número mayor de los que él podía contar. Estaban por todos lados, asentados para poner sitio a la ciudad.

Muerto de miedo, corrió de nuevo hacia Eliseo, le despertó y exclamó: "¡Ah, señor mío! ¿qué haremos?!" (v. 15).

Eliseo debió de levantarse, ponerse su túnica y mirar por la ventana. Me le imagino girándose hacia su siervo, sonriendo y diciendo: "No tengas miedo, porque más son los que están con nosotros que los que están con ellos" (v. 16).

También me imagino la cara del siervo al oír ese comentario expresando una mirada que estaría entre: "¿No sabes contar?" y "¿Te has vuelto loco?". Sin embargo, Eliseo no se inmutó. En lugar de intentar explicárselo a su siervo, simplemente inclinó su cabeza y dijo: "Te ruego, oh Jehová, que abras sus ojos para que vea" (v. 17).

Al instante, la multitud que había infundido temor en el corazón del siervo parecía pequeña comparada con la multitud que les rodeaba. El ejército sirio rodeaba toda la ciudad en grupos de tiendas y fuegos a través de los cuales nadie podía penetrar sin ser capturado. Algunos vigilaban los muros de la ciudad con lanzas en sus manos y cuernos a su lado listos para dar la alerta si alguien intentaba salir de la ciudad. Otros cocinaban o comían el desayuno, afilaban sus lanzas o se reían con sus compañeros, confiados en que nada en el mundo les amenazaría debido a su gran número y fortaleza.

Pero Dios abrió los ojos del siervo de Eliseo para que viera más allá de ellos. ¡Cada monte que rodeaba el valle estaba lleno de ángeles a caballo y en carros de fuego listos para atacar! Los caballos pateaban el suelo, resultándoles casi imposible contenerse de galopar sobre los enemigos del pueblo de Dios para pisotearlos en el polvo, echando humo por la nariz en el aire frío de la mañana. De repente, el temor a los sirios se evaporó al ver el ejército que había detrás de ellos. Cuando usted aprende a temer las cosas de Dios, ¿qué otra cosa sobre la superficie de la tierra podrá volver a causarle pavor?

Debemos aprender a ver con nuestros ojos espirituales con la misma rapidez que lo hacemos con nuestros ojos físicos. Debemos llegar al entendimiento de lo mucho mayor que es Dios en comparación con cualquier otra cosa que podamos afrontar aquí en la tierra. Tenemos que profundizar en el espíritu en oración para estar cómodos con la esfera de Dios y cómo funciona. Y, por supuesto, la Biblia es nuestro manual para todas las cosas espirituales. Es nuestro alimento espiritual que fortalece y nutre el espíritu humano dentro de nosotros. Es el entrenador personal del alma para poder discernir los pensamientos e intenciones del corazón. (Véase Hebreos 4:12).

Debido a que las batallas que luchamos son batallas mentales, debemos entender que nuestras derrotas no se producen por no tener la Palabra de Dios. La tenemos, pero no creemos todo lo que nos promete. Una cosa es entender la promesa, y otra muy distinta permitir que la Palabra de Dios fortifique su mente para tener más confianza en el ámbito espiritual que en el físico. Demasiadas veces nos agobiamos por lo que vemos en el ámbito natural, en lugar de ver las fuerzas de Dios que nos están respaldando. Las cosas del espíritu son eternas e invencibles. Debemos aprender a ahondar en el ámbito de lo invisible; tiene recursos a los que nunca tendremos acceso en el mundo natural o físico.

Para este fin tenemos en la Biblia lo que podríamos llamar algunos pasajes "de doble golpe", los cuales nos dio el apóstol Pablo. Son como el golpe uno-dos del boxeo, porque son oraciones bíblicas dictadas por Dios que combinan la Palabra y el Espíritu en uno. Creo que el más refinado de todos ellos se encuentra en el libro de Efesios, que de muchas maneras es la tesis final de Pablo sobre la composición, función y propósito de la Iglesia. Fue una de sus últimas cartas y, por tanto, expresa toda una vida de búsqueda de Dios para entender la era en la cual vivía, que se conoce como la Era de la Iglesia. También es significativo que incluso a mitad de su composición Pablo tuvo que irrumpir en una oración.

En este libro Pablo ofrece dos oraciones. La primera se encuentra en el capítulo 1:

Por esta causa también yo, habiendo oído de vuestra fe en el Señor Jesús, y de vuestro amor para con todos los santos, no ceso de dar gracias por vosotros, haciendo memoria de vosotros en mis oraciones, para que el Dios de nuestro Señor Jesucristo, el Padre de gloria, os dé espíritu de sabiduría y de revelación en el conocimiento de él, alumbrando los ojos de vuestro entendimiento, para que sepáis cuál es la esperanza a que él os ha llamado, y cuáles las riquezas de la gloria de su herencia en los santos, y cuál la supereminente grandeza de su poder para con nosotros los que creemos, según la operación del poder de su fuerza, la cual operó en Cristo, resucitándole de los muertos y sentándole a su diestra en los lugares celestiales, sobre todo principado y autoridad y poder y señorío, y sobre todo nombre que se nombra, no sólo en este siglo, sino también en el venidero; y sometió todas las cosas bajo sus pies, y lo dio por cabeza sobre todas las cosas a la iglesia, la cual es su cuerpo, la plenitud de Aquel que todo lo llena en todo.

—Efesios 1:15–23

La segunda se encuentra en el capítulo 3:

> Por esta causa doblo mis rodillas ante el Padre de nuestro Señor Jesucristo, de quien toma nombre toda familia en los cielos y en la tierra, para que os dé, conforme a las riquezas de su gloria, el ser fortalecidos con poder en el hombre interior por su Espíritu; para que habite Cristo por la fe en vuestros corazones, a fin de que, arraigados y cimentados en amor, seáis plenamente capaces de comprender con todos los santos cuál sea la anchura, la longitud, la profundidad y la altura, y de conocer el amor de Cristo, que excede a todo conocimiento, para que seáis llenos de toda la plenitud de Dios. Y a Aquel que es poderoso para hacer todas las cosas mucho más abundantemente de lo que pedimos o entendemos, según el poder que actúa en nosotros, a él sea gloria en la iglesia en Cristo Jesús por todas las edades, por los siglos de los siglos. Amén.
>
> —Efesios 3:14–21

En estas oraciones, Pablo le pide a Dios básicamente ocho cosas diferentes que todo creyente nacido de nuevo necesita y a las que tiene derecho. Son el fundamento para entender en quién nos convertimos cuando cambiamos la ciudadanía del reino de esta tierra al Reino del cielo, y son lo que cada persona en esta tierra necesita para conocer verdaderamente quién es Dios. Según el orden de su oración, son:

1. Que reciba plenamente el Espíritu Santo, el Espíritu de sabiduría y de revelación, para que cada día aumente su conocimiento de Dios.
2. Que sus ojos, tanto físicos como espirituales, se llenen de luz y se abran a las verdades de Dios y

que entienda el objetivo final, la esperanza, del llamado que Dios tiene para su vida.

3. Que entienda las riquezas y recursos de lo que significa que Dios le llame y lo que tiene derecho a heredar como coheredero con Jesús.

4. Que entienda lo ilimitado del poder de Él, el mismo poder que usó para levantar a Jesús de los muertos y que quiere usar también con usted.

5. Que Dios Padre le fortalezca desde dentro mediante su Espíritu Santo.

6. Que la misma unción de Cristo que estaba sobre Jesús habite en usted mediante su fe.

7. Que sea cimentado con raíces que profundicen en el amor de Dios, dándole entendimiento y conocimiento de toda su dimensión, un entendimiento que solo es posible al unirse y trabajar codo con codo de manera corporativa con otros creyentes.

8. Que sea lleno de todo lo que Dios es: su poder, su justicia, su gloria, ¡su todo! Porque, a fin de cuentas, Él es y puede hacer mucho más de lo que usted pueda imaginar o soñar con pedir.

Le puedo decir que vale la pena emplear un buen tiempo meditando en estas oraciones bíblicas y puntos. De hecho, grandes ministros han empleado semanas y meses haciendo estas oraciones una y otra vez por ellos mismos o por aquellos a quienes querían ver llegar al conocimiento salvador de Jesucristo. Creo que si usted ora estos versículos y medita en los versículos de Efesios, Dios le revelará la verdadera posición de gracia y autoridad que usted tiene ante Él, un lugar para estar en el trono del cielo con Jesús a su lado como su Abogado, presentando su caso y el de otros ante el trono de juicio del Padre. La confianza, fe y osadía con la que usted se posiciona en oración son algo crucial para la presentación de sus apelaciones y peticiones. Su comunicación en el Espíritu con su Abogado, Jesucristo, le da una visión revolucionaria acerca de cómo presentar correctamente su caso y "estar a cuenta" (Isaías 1:18) con Dios para que reciba las respuestas y estrategias que necesita.

Debemos entender del todo en quién nos convertimos cuando cruzamos la frontera del reino de este mundo al Reino de Dios. Hay mucho en nosotros gracias al amor que Dios derramó en nuestros corazones y la nueva posición que tenemos ante el Padre debido a lo que Jesús logró en la cruz y desde la tumba. Debido a esto he incluido también un apéndice que tiene una lista de versículos que nos dicen en quién nos convertimos instantáneamente cuando decidimos estar "en Cristo". Le animo a que tome esa lista y medite en ella, leyendo una y otra vez los versículos, y dejando que formen un fundamento en usted para que pueda comenzar a verse como Dios le ve. Porque usted es verdaderamente solo quien Dios dice que es, y no importa ninguna otra opinión, fracaso, logro o juicio. Es conocer lo que Dios dice que somos lo que nos da confianza, fe y valentía para apelar con eficacia ante la corte del cielo para conseguir sus bendiciones, sabiduría y recursos y traerlos a esta tierra.

Tenemos trabajo que hacer en el espíritu. Este tipo de cambio no ocurre de la noche a la mañana, sino de manera gradual y progresiva a medida que intentamos entender la esfera de lo espiritual mejor de lo que entendemos el mundo físico en el que caminamos cada día. Al hacerlo, la transformación que es posible hacer está muy por encima de cualquier cosa que haya sido imaginada. No debemos dejar que el pensamiento de este mundo que nos rodea nos limite. Dios tiene más, y está ansioso de liberarlo en la tierra, pero solo puede hacerlo mediante su Cuerpo. Si va a suceder, vendrá por medio de nosotros, y solo vendrá por medio de nosotros si entendemos cómo orar y oír del cielo mediante nuevas formas revolucionarias.

TRES

SINCRONIZAR CORAZÓN y PRÁCTICA

Entender las tácticas de la oración

La estrategia es un sistema de recursos [opciones].
Es más que ciencia; es la traducción de la ciencia a la vida
práctica, el desarrollo de un pensamiento principal original
de acuerdo a las circunstancias siempre cambiantes.

—Helmuth Von Moltke

Durante toda su vida le consumió una sola cosa: quería un hijo. Eso causaba un hueco en su corazón. Había decepcionado a su esposo; había decepcionado a su familia. Hubiera sido mejor para todos si se hubiera olvidado de ello, pero no podía. Nadie lo entendía, y como resultado nadie parecía entenderla a ella. Ni tan siquiera su sacerdote la entendía, sino que pensó que la pasión con la que ella oraba se debía a que estaba ebria. Pero ella sabía que no era así. Espiritualmente tenía dentro de sí un profeta de Dios, pero tenía que darle a luz primero en oración antes de poder darle a luz en lo natural. Es gracioso cuántas cosas realmente importantes suceden así.

Pero si ella no se hubiera aferrado a ello en oración, ¿qué le habría ocurrido a Samuel? ¿Habría llegado a nacer? ¿Habría sido David rey de Israel? Qué diferente habría sido la historia de la nación de Israel, y no digamos del mundo entero, si Ana no hubiera peleado por su hijo en el espíritu. Es sorprendente, pero cierto: cuando Ana estaba embarazada de un hijo, el cielo estaba embarazado de un profeta y dos reyes. Dios le concedió el deseo de su corazón, porque era el deseo del corazón de Dios. Lo único que ella necesitó hacer fue orar hasta que le cielo irrumpió haciendo ceder la resistencia. Ella literalmente hizo descender el cielo con su oración.

Muchos creyentes están desesperados por ver avances; pero los avances hay que perseguirlos. Usted debe prevalecer ante los espíritus territoriales para conseguir sus posesiones. Debe activar y ejercer su dominios sobre una región dentro de un ámbito, sistema, reino, industria, campo y disciplina. En 2 Samuel 23:13–16 leemos la búsqueda de David para saciar su sed; tenía un deseo divino de lo que Dios había preparado para él antes de la fundación del mundo.

> Y tres de los treinta jefes descendieron y vinieron en tiempo de la siega a David en la cueva de Adulam; y el campamento de los filisteos estaba en el valle de Refaim. David entonces estaba en el lugar fuerte, y había en Belén una guarnición de los filisteos. Y David dijo con vehemencia: ¡Quién me diera a beber del agua del pozo de Belén que está junto a la puerta! Entonces los tres valientes irrumpieron por el campamento de los filisteos, y sacaron agua del pozo de Belén que estaba junto a la puerta; y tomaron, y la trajeron a David.

En este texto, los enemigos de David habían formado una barricada para impedir que consiguiera lo que realmente le pertenecía. Sus generales militares atravesaron la barricada para confiscar de las manos de los enemigos lo que pertenecía a David. El enemigo había asumido los derechos de un ocupante ilegal hasta que David ejercitó su autoridad legal sobre una región que le pertenecía. El enemigo sitió su propiedad y riqueza. De igual modo, el enemigo ha sitiado ilegalmente muchas de nuestras posesiones y debemos hacer algo para recuperarlas: nuestra reputación, nuestro matrimonio, nuestros hijos, nuestras comunidades, nuestras naciones. Él no renunciará a ellas hasta que las reclamemos. Debemos aprender a golpear las puertas del cielo mediante la oración y demandar la restitución de lo que él ha robado. Él es un ladrón y debe soltar lo que pertenece de manera legítima a cada uno de nosotros.

Muchas personas buscan un libro de reglas para la oración. Quieren el paso uno, dos, tres, etc., para no tener que pensar ni realmente vaciarse tanto en sus oraciones. Quieren tan solo recorrer los pasos y sentir que han hecho su tarea. Pero la oración no funciona así. Las batallas no funcionan así. Aunque quizá usted tenga el plan de ir a luchar, una vez que ha establecido el primer contacto con el enemigo, todo cambia. ¿Mantendrá usted el mismo curso aunque la gente le llame loco? ¿Se adentrará tanto en la oración, invertirá de sí mismo tanto en la oración, hasta sentir que podría morir si no consigue aquello por lo que está orando? Situaciones drásticas necesitan oraciones drásticas. No estoy diciendo que tenga que ser necesariamente de esta manera, pero este fue el caso de Ana. Estaba tan obsesionada con dar a luz lo que el cielo había puesto en su corazón que nada más le importó. Y si una manera falló, rápidamente utilizó otra, porque sabía que no se trataba de seguir los pasos correctos o comportarse de una manera en particular. Se trataba de conectar sinceramente con el cielo, de sacar lo que el cielo había sembrado en su corazón y traer a la tierra algo que cambiaría el curso de naciones.

La oración, así como la lucha en el campo de batalla, la mayoría de las veces tiene que ver más con la adaptación que con la solidez del plan que desarrollamos. Se trata de cooperar, y no tanto de coaccionar. ¿Permitiremos que Dios nos cambie cuando estemos en medio de la pelea? Puede marcar la diferencia entre el éxito y el fracaso. Cuando usted ora, a menudo se está enfrentando al enemigo de duda, frustración, antagonismo e incredulidad oculta en el corazón de otros. Quizá ellos no vean lo que usted ve, esas cosas que Dios le muestra por revelación o pone en su corazón en forma de deseo. Una vez que se enfrenta al enemigo, si usted gira donde su plan original para la batalla decía que girase, puede que esté firmando la derrota. Un buen general, como defendía el general alemán Helmuth von Moltke, tiene que considerar todas sus opciones para cada una de sus decisiones, y no solo actuar según las ideas preconcebidas. En el fragor de la batalla, el general sabio leerá el campo y adaptará su plan de batalla original para emparejarlo con lo que está viendo: tiene que estar abierto a ir hacia un lado donde su plan original decía que debía ir hacia el otro. El zigzag es nuestra metáfora para mantenernos flexibles. Tiene usted que cooperar con el movimiento coreográfico del Espíritu. En el fragor de la batalla debe aprender a discernir el fluir escuchando los reportes de inteligencia del cielo para poder entender los jugadores que participan, el terreno espiritual que debe recorrer, así como otros miles de cosas. El general que gana no es siempre el que tiene aparentemente un plan de batalla más sofisticado, sino el que mejor se adapta y responde con más eficacia a medida que se desarrolla la batalla.

Con la oración sucede lo mismo. De hecho, lo más importante en la oración probablemente sea cómo respondemos a la inteligencia del cielo cuando la recibimos. Al leer los escritos de los grandes guerreros de oración del pasado y hablar de quienes se han entregado a la oración y la intercesión en el presente, no hay ningún manual o conjunto de reglas que dirijan la oración de ninguna manera. Hablando con un estudiante en International House of Prayer (Casa internacional de oración) en Kansas City, la pregunta a tratar era referente a determinar si había clases especiales sobre la oración que hubiera que tomar obligatoriamente. El estudiante respondió: "No, pero debemos pasar veinticuatro horas a la semana en la sala de oración". El pragmatismo acerca de la oración es que se aprende con la práctica, no con principios. Es un viaje principalmente individual: "Mas tú, cuando ores, entra en tu aposento, y cerrada la puerta, ora a tu Padre que está en secreto" (Mateo 6:6), y luego coopera: "Todos éstos perseveraban unánimes en oración y ruego... (y los reunidos eran como ciento veinte en número)" (Hechos 1:14–15).

Creo que la oración es una de las contribuciones más poderosas que un cristiano puede hacer para convertir este mundo en un lugar mejor. No se aprende a orar poderosa y eficazmente leyendo un manual. Se aprende a orar orando. Cuando usted lo hace, descubre que no hay continente, nación, organización, ciudad, oficio, situación, circunstancia, condición, gobierno, causa, asunto, batalla que esté fuera de los límites de la fuerza de sus efectos. No hay persona, policía, ni poder político en esta tierra que pueda impedir la oración. La oración cambia los juegos. La oración marca la diferencia. Sin oración, nuestra vida cristiana es tan solo un intento de seguir una lista de cosas que hacer y no hacer que otra persona nos da. Con la oración, el cristianismo es vital, relevante, transformador y lleno del conocimiento y la presencia de Dios. Si la oración fuera un deporte, entonces sería un deporte de contacto. La oración es el punto de contacto entre el cielo y la tierra, o quizá sería mejor decir que la persona que ora es ese punto de contacto. Su lugar de oración es su lugar de poder. Su lugar de oración es su lugar de administración del cambio. Podemos crear cambio por la fuerza de voluntad y la buena persuasión, pero no durará. El cambio real e irrevocable solo se produce a través de la oración.

Por eso lo que me gustaría hacer en este capítulo es no darle reglas para la oración sino una lista de diferentes estrategias de oración, de recursos como los hubiera llamado el general von Moltke, que le servirán como pautas para sus oraciones. Es como tener una caja de herramientas con diferentes tácticas a su lado mientras ora y le pide al Espíritu Santo que le guíe para saber cómo orar eficazmente por cualquier súplica o intercesión que usted le esté presentando a Dios. Son como el código del pirata en *Piratas del Caribe*: "Realmente no son reglas; son más bien algo así como pautas".

Con esto en mente, me gustaría darle sesenta tácticas distintas a considerar mientras ora, pero, repito, no tengo espacio para dárselas todas en estas páginas, así que le daré una probadita de ellas aquí subrayando las primeras diez, y luego le animo a que consiga mi mensaje en MP3 titulado "El arma no convencional: Sesenta formas de orar".* En este mensaje enseño acerca de las sesenta tácticas distintas del arma no convencional de la oración que Dios me ha revelado durante mis tiempos de oración. Espero que tenerlas pululando por su mente para que el Espíritu Santo las traiga a su memoria en algún momento le den la clave que necesita para aquello por lo que esté orando.

DIEZ TÁCTICAS DE ORACIÓN

1. Ore fielmente.

Cuando ore, asegúrese de no vacilar en su fe. Aférrese a lo que ha aprendido y a la confianza que ha recibido en su relación con Cristo. Dios puede resucitar una vida muerta, un sueño muerto: cualquier cosa que haya muerto si usted tiene fe: "Dios…el cual da vida a los muertos, y llama las cosas que no son, como si fuesen" (Romanos 4:17). Si Dios puede resucitar a los muertos, puede también alinear divinamente con sus promesas su matrimonio, su empresa, su trabajo y su fe. Pero la mayoría de las veces eso conlleva algo más que enviar

---

* Disponible en www.trimminternational.org

un rápido: "¡Dios, ayúdame!". Necesita una oración dedicada y fiel llena de fe en la cual se presente usted mismo ante Dios listo para cambiar y listo para hacer lo que Él le pida.

2. Ore con decisión.

No puede ser incierto al orar, confiando en Dios un día y al día siguiente ya no. Un día ora esto y al día siguiente lo contrario. Hoy dice algo en fe a Dios, y después va a tomar café con sus amigos y habla diciendo que eso no sucederá nunca. De esta forma está siendo usted incierto con lo que quiere y hacia dónde va. Como dice la Biblia:

> Mantengamos firme, sin fluctuar, la profesión de nuestra esperanza, porque fiel es el que prometió.
>
> —Hebreos 10:23

Y:

> Y si alguno de vosotros tiene falta de sabiduría, pídala a Dios, el cual da a todos abundantemente y sin reproche, y le será dada. Pero pida con fe, no dudando nada; porque el que duda es semejante a la onda del mar, que es arrastrada por el viento y echada de una parte a otra. No piense, pues, quien tal haga, que recibirá cosa alguna del Señor. El hombre de doble ánimo es inconstante en todos sus caminos.
>
> —Santiago 1:5–8

No nos equivoquemos: usted puede decir palabras en oración que no cree, y no producirán resultado alguno. Repetir algo que ha oído en otro lugar decir a una persona o que ha leído en algún libro sin convicción no produce alineamiento divino. Tome una decisión deliberada y consciente de ponerse de acuerdo con la Palabra de Dios, y entonces decida en su corazón creerlo y confesarlo con su boca sin importar nada.

3. Ore con energía.

¡No sea endeble! Mateo 11:12 nos dice que "el reino de los cielos sufre violencia, y los violentos lo arrebatan". Usted no está mendigando, no está llorando y no está persuadiendo; está acudiendo para tomar lo que es legalmente suyo según la Palabra de Dios. Debe acudir con osadía como un niño acudiría a su padre, como un príncipe o princesa acudiría ante el rey, como un demandante al que han hecho algún mal acudiría a una sala penal.

Hebreos 11:16 nos dice: "Pero sin fe es imposible agradar a Dios; porque es necesario que el que se acerca a Dios crea que le hay, y que es galardonador de los que le buscan". Si siente que tiene que rogar a Dios para conseguir lo que Él ha prometido, entonces no conoce al Dios de los cielos. Él es galardonador. Él no es tacaño a la hora de cumplir su Palabra. Pero si usted no camina en su presencia con una sensación de pertenencia, entonces su fe y su entendimiento necesitan una actualización. No es que usted no esté siendo humilde, sino que conoce a Dios como el Padre amoroso que realmente es.

4. Ore con amor.

No somos llamados a vengarnos de ninguna persona o grupo; si es necesaria la venganza será Dios quien la ejerza, y no nosotros. No estamos llamados a ser jueces sobre los perpetradores de ningún delito, desastre o enfermedad. Estamos llamados a ser libertadores, rescatadores y sanadores. Estamos llamados, como Moisés cuando levantó la serpiente de bronce (Números 21:4–8), a ponernos entre las personas y el daño, levantando a Jesús para que quienes miren hacia arriba desde este mundo para mirarle también puedan ser salvos. (Véase Juan 3:14–15).

Por eso debemos orar para ver a quienes nos han herido o a las personas por las que estamos orando con los ojos de Dios. Debemos orar para que Dios les detenga en seco como lo hizo con Pablo y les dé la vuelta. No podemos tener fe en algo si no caminamos en amor, porque lo único que vale es "la fe que obra por el amor" (Gálatas 5:6).

5. Ore con veracidad.

Hay veces en que honestamente negamos la realidad de una situación, o quizá estamos equivocados en cuanto a los hechos o en cómo estamos interpretando las cosas. Pero uno de los nombres del Espíritu Santo es "el Espíritu de verdad". Si nos abrimos a Él en oración y escuchamos más que hablamos, entonces hay espacio para que el Espíritu Santo ajuste nuestra perspectiva. Él nos dará la perspectiva del trono de Dios que nunca conseguiríamos por nosotros mismos.

También, no tenemos que orar necesariamente los "hechos"; debemos orar la verdad. Puede que los hechos sean que el doctor le dijo que usted morirá dentro de seis meses, pero la verdad es que "por su llaga fuimos nosotros curados" (Isaías 53:5). Los hechos pudieran ser que su esposo no le está tratando con amor, pero la verdad es que "el marido incrédulo es santificado en la mujer" (1 Corintios 7:14) y "¿qué sabes tú, oh mujer, si quizá harás salvo a tu marido?" (v. 16). Los hechos pueden ser que tenga un montón de facturas sin pagar esperando en su mesa, pero la verdad es: "Mi Dios, pues, suplirá todo lo que os falta conforme a sus riquezas en gloria en Cristo Jesús" (Filipenses 4:19). Dios no necesita que le contemos los hechos, porque los conoce mejor que nosotros, pero sí necesita que nos pongamos de acuerdo con Él en sus promesas para poder recibir la provisión que desea darnos. A fin de cuentas, la Biblia no dice: "Conocerán los datos y los datos les harán libres", sino que dice "conoceréis la verdad, y la verdad os hará libres" (Juan 8:32).

6. Ore con firmeza.

La oración nunca se pierde. La Biblia nos dice: "estad firmes y constantes, creciendo en la obra del Señor siempre, sabiendo que vuestro trabajo en el Señor no es en vano" (1 Corintios 15:58). Sé por experiencia propia que un minuto en oración puede lograr más que toda una vida de otras actividades. Aférrese a las promesas de Dios en oración sin importar la apariencia de las cosas en lo natural, porque Dios le responderá si le busca de todo corazón. (Véase Jeremías 29:11–14.)

7. Ore fervientemente.

La vida nos lanza bolas con efecto, y aunque tenemos diferentes trasfondos e historias personales, todos tenemos emociones, sueños y pasiones. Cuando nos involucramos emocionalmente en una lucha, tendemos a orar menos en vez de orar más. Si queremos tener vidas de oración victoriosas, necesitamos convertir esas emociones y pasiones en oración en lugar de dejar que se conviertan en un obstáculo. Se nos dice:

> Elías era hombre sujeto a pasiones semejantes a las nuestras, y oró fervientemente para que no lloviese, y no llovió sobre la tierra por tres años y seis meses. Y otra vez oró, y el cielo dio lluvia, y la tierra produjo su fruto.
>
> —Santiago 5:17–18

Este pasaje nos dice que Elías era un hombre sujeto a pasiones semejantes a las nuestras, pero cuando oró fervientemente, Dios le oyó. Sabía cómo relacionarse con el Dios que responde con fuego. Jacob tuvo que luchar con Dios para conseguir su bendición. (Véase Génesis 32:22–32.) Tenemos que acudir a Dios con fervor como lo que somos y estar dispuestos a permanecer en oración, aunque estemos enojados o frustrados, hasta que consigamos la respuesta de Dios. Dios entiende las emociones, ¡Él las creó! Tenemos que estar dispuestos a expresarlas fervientemente tanto como necesitamos estar listos para que Dios las cambie o las corrija.

8. Ore posicionalmente.
Como vimos en el capítulo anterior, tenemos que saber dónde posicionarnos para orar con eficacia. Sabemos que estamos sentados en lugares celestiales en Cristo Jesús (vea el Apéndice B para entender mejor lo que significa estar "en Cristo") y que Jesús "vive siempre para interceder por ellos" (Hebreos 7:25). Por tanto, el mejor lugar que tenemos para estar orando es desde nuestra posición "en Cristo", orando las mismas intercesiones por las que Él está orando en cada situación. Como tratamos en *El arte de la guerra para la batalla espiritual*, este fue el avance que experimentó John "Orador" Hyde, quien dijo: "Así que confieso mis oraciones que siempre fallan...y pido la intercesión de Él que nunca falla".[1] Debemos orar "en Cristo" como las personas que las escrituras "en Cristo" nos dicen que somos.

9. Ore con autoridad.
Orar en el nombre de Jesús no es simplemente un cierre que debemos usar antes de decir: "Amén". Orar en el nombre de Jesús es acudir al trono de Dios como un embajador lo haría ante el trono de un rey extranjero "en el nombre de" su propio rey. Usar el nombre de Jesús es otro privilegio que tenemos "en Cristo" y sello de nuestra autoridad como representantes de Jesús. Como dice la Escritura:

> Y todo lo que pidiereis al Padre en mi nombre, lo haré, para que el Padre sea glorificado en el Hijo. Si algo pidiereis en mi nombre, yo lo haré.
> —Juan 14:13–14

Y:

> Por lo cual Dios también le exaltó hasta lo sumo, y
> le dio un nombre que es sobre todo nombre, para
> que en el nombre de Jesús se doble toda rodilla de
> los que están en los cielos, y en la tierra, y debajo
> de la tierra; y toda lengua confiese que Jesucristo es
> el Señor, para gloria de Dios Padre.
>
> —Filipenses 2:9–11

Cuando oramos en el nombre de Jesús, oramos en la autoridad de Jesús. El nombre de Jesús le dará el poder para vencer cuando ore verdaderamente en ese nombre.

10. Ore magistralmente.

Para obtener maestría en algo, debe practicarlo continuamente. Malcolm Galdwell habla acerca de "La regla de las 10 000 horas" en su libro éxito de ventas *Outliers*. El principio es que quienes más éxito tienen en algo son quienes han pasado más tiempo, en el momento correcto, haciendo ese algo. Charles Spurgeon lo dijo de esta forma: "Ore hasta que pueda orar realmente".

Como ya he dicho, la oración es un viaje único para cada uno de nosotros. Así como cada uno tiene un llamado o tarea diferente que hacer para Dios, cada uno viajará por un camino ligeramente distinto a la hora de entender qué es realmente la oración. Dios nos hablará a cada uno de formas distintas, y la forma en que Dios habla a una persona puede ser muy distinta a la manera en que habla a otra. ¿Por qué? Porque Dios no está interesado en que aprendamos reglas y requisitos y vivamos la vida meramente siguiendo los dictados de un manual de normas, sino que quiere que acudamos a Él para conocerle por nosotros mismos. Quiere tener una relación única con cada uno de nosotros, así como nos creó a cada uno como individuo único. Quiere asociarse con nosotros en nuestro viaje y vivir con nosotros día a día. Por esta razón creó a los seres humanos en un principio, y su mayor gozo se produce cuando acudimos a Él sin duda ni concesiones para llegar a conocerle de todo corazón y ser totalmente conocidos por Él. Con Dios se trata de relación, y la clave para esa relación es orar con maestría.

La belleza de no ser convencional

Hay un dicho que se cita a menudo y dice: "Si haces lo que siempre has hecho, obtendrás lo que siempre has obtenido". En otras palabras, si quiere usted crecer, si quiere progresar, si quiere experimentar algo nuevo, entonces tiene que hacer las cosas de modo distinto a como las ha hecho hasta ahora.

Hasta cierto punto, aprender a orar es una experiencia de prueba y error. En muchos niveles es tan simple como abrir nuestros corazones al cielo y decirle a Dios cómo nos sentimos, algo tan simple que los niños están familiarizados con ello, pero que a la vez es sublime. Una vida entera pasada en oración nunca será monótona a menos que nos retiremos y dejemos de crecer en su práctica. Es un viaje único que Dios ha diseñado para cada uno de nosotros. Esto no quiere decir que no podamos aprender sobre la oración los unos de los otros; de lo contrario ¿qué sentido tendría escribir tantos libros acerca del tema? Pero sí significa que si lo único que usted hace es leer esos libros, nunca entenderá realmente de lo que se trata la oración. Yo se lo puedo contar, pero tiene que experimentarlo por usted mismo para entenderlo.

Sin embargo, cuando usted ora solamente aislado y sin aprender acerca de lo que la oración ha hecho a través de otros, quizá se pierda las posibilidades de la oración, o se desanime, porque buscar a Dios en oración, hasta el punto en que realmente y de manera sistemática oiga usted de parte del cielo, no es tarea para un corazón desanimado. Tiene usted que aferrarse a ello. Tiene que leer al respecto y aprender cómo la oración ha tocado las vidas de otros. Rodéese de personas que oren. Permita que ellos le inspiren a regresar a su cuarto de oración y orar donde solo Dios puede verle y oírle. Tiene que estar ahí cuando su iglesia convoque reuniones de oración e inspirar confianza en la oración en otros creyentes. No debe permitir nunca, nunca, nunca, que la oración se convierta en una parte estancada de su vida. Es vital para lo que usted es como cristiano e incluso más vital aún para cumplir la misión de Dios y su tarea sobre la tierra.

No hay nada más agradable para el diablo que un cristiano que no ora, porque esa persona es alguien por la que él no tiene que pasar mucho tiempo preocupándose. De hecho, su estrategia global a lo largo de los años parece ser conseguir que estemos demasiado ocupados para orar y que pensemos que realmente no necesitamos orar porque Dios ya conoce nuestras necesidades y, por tanto, ¿por qué molestarle con ellas orando? Sin embargo, John Wesley dijo en su famosa frase: "Oro durante dos horas todas las mañanas. Claro, si no tengo muchas cosas que hacer, porque si tengo muchas cosas que hacer ese día, entonces oro durante tres horas".

Me gustaría ver su vida de oración revigorizada. Quiero que consiga victorias en la oración que le sorprendan. Estoy orando que eso sea exactamente lo que ocurra para cada persona que lea mis libros sobre este tema. Hay mucho por hacer que no se podrá hacer sin que cada uno desempeñe su labor, y nuestras labores no se harán si no aprendemos cuáles son en oración. Como verá más claramente en el capítulo siguiente, el tiempo es de fundamental importancia.

CUATRO

"PARA UN TIEMPO COMO ESTE"

Entender la carga de la profecía en la oración

Porque el testimonio [estilo de vida]
de Jesús es el espíritu de la profecía.
—Apocalipsis 19:10

E l presidente observó sigilosamente la sala. Nadie le devolvió su mirada, pero no podía dejar a un lado el sentimiento de que estaba siendo observado, incluso aquí en la sala consistorial del gobierno. Cuando se levantó para salir, pudo sentir los ojos sobre él desde todas direcciones: ojos que cuestionaban, ojos que se preguntaban, pero principalmente ojos que parecían llenos de envidia y condenación cada vez que él hablaba. Como uno de los únicos administradores que quedaban del imperio babilonio conquistado, había esperado celos, y el hecho de que fuera judío no ayudaba mucho tampoco, pero las cosas iban peor que incluso eso. Las salas consistoriales, llenas de burócratas jóvenes y ambiciosos y oficiales militares compitiendo por el favor del rey Darío, se llenaban de miradas de murmuración y desaprobación cada vez que el rey pedía el consejo de Daniel. Raras veces les agradaban sus planes, los cuales veían como demasiado cautos, demasiado santurrones y llenos de demasiada atención para el populacho en general. Después de todo, ellos eran conquistadores y no niñeras o guerreros de oración. ¿Qué les importaba a ellos si algún pobre campesino vago resultaba herido edificando el nuevo palacio por no haber tomado las "precauciones adecuadas"? Ellos querían que se hicieran las cosas, y no les importaba urdir atajos para conseguirlo. A pesar de que Daniel era del gobierno ocupado, Darío parecía confiar en el consejo de Daniel cada vez más con el paso de los días. De hecho, el rey parecía darle preferencia al consejo de Daniel antes que al de sus propios generales porque Daniel no tomaba atajos. Su credibilidad y extendida influencia aumentaban debido a su integridad. Eso no le estaba reportando muchos amigos. (No quiero que se pierda este punto, así que lo diré con más claridad. Cuando los reinos entran en conflicto, su credibilidad e influencia aumentan en proporción a su integridad. Debe estar usted comprometido con la causa, incluso cuando le acusen falsamente. Con mucha frecuencia, a medida que Dios aumenta su influencia, sus competidores se tirarán a su yugular: su integridad).

Cuando Daniel se dirigía hacia la puerta, había algo más que parecía mucho más importante golpeando su mente que la política de la corte. Durante días y semanas algo no dejaba de martillear su mente, dándole vueltas en su interior como si fuese una premonición que no podía expresar con palabras. Algo no andaba bien, y era mucho más importante que los rumores que él había oído acerca de los planes contra su propia vida. Estaba tan consumido por sus pensamientos que ni siquiera se dio cuenta de que la gente guardaba silencio cuando le veía a medida que avanzaba por los pasillos del gobierno hacia su casa. Su guardaespaldas personal casi tuvo que correr para mantener su paso. A pesar de tener más de noventa años, Daniel era aún increíblemente dinámico.

Cuando pasaba por el mercado de la ciudad, comenzó a formarse una idea en su mente que tuvo que comprobar dos veces, algo que había leído hacía algún tiempo, algo que el profeta Jeremías había registrado; ¿qué era exactamente lo que había dicho? Era una profecía que había dado el año en que Daniel fue llevado siendo adolescente a vivir al palacio de Nabucodonosor, algo acerca del tiempo en que todo eso cambiaría.

Al entrar en su casa, rechazó la comida que sus siervos le llevaban incluso sin mirarles, y arrojándole su túnica oficial a uno de sus siervos, se dirigió hacia la biblioteca. "Que nadie me moleste", les informó mientras cerraba las puertas detrás de él. La luz de la lámpara parpadeaba a medida que anochecía mientras Daniel buscaba en las estanterías de rollos. Al encontrar un manuscrito recientemente copiado de un pergamino de las profecías de Jeremías, Daniel lo tomó cuidadosamente de la estantería, se sentó en una de las mesas y comenzó a leer. Después de casi una hora descubrió lo que estaba buscando: un pasaje que hablaba de cuando los judíos podrían regresar a su tierra natal y reconstruir Jerusalén:

> Toda esta tierra será puesta en ruinas y en espanto; y servirán estas naciones al rey de Babilonia setenta años. Y cuando sean cumplidos los setenta años, castigaré al rey de Babilonia y a aquella nación por su maldad, ha dicho Jehová, y a la tierra de los caldeos.
>
> —Jeremías 25:11–12

Según sus diarios, su colección de historias y sus calendarios, volvió a calcular el número de años desde que Jerusalén había sido asolada, un dato que conocía de memoria pero que quería volver a comprobar con tantas fuentes como le fuera posible, y Judá había sido exiliada llevándoles como esclavos a Babilonia. Como ya sabía, los 70 años estaban a punto de terminar.

Daniel recordó la visión que Dios le había mostrado casi cinco décadas atrás, tan solo unos años después de haber sido llevado al palacio de Nabucodonosor. El rey había tenido un sueño que no podía recordar, y estaba furioso porque ninguno de sus "sabios" pudo darle su interpretación. Daniel oró, y Dios se lo mostró. Era una estatua con la cabeza de oro, el tronco y los brazos de plata, el torso de bronce, las piernas de hierro y los pies de hierro mezclado con barro. Dios le reveló a Daniel que la cabeza de oro representaba el imperio babilónico y las demás partes los imperios subsiguientes. Cada reino sería conquistado por otro reino aparentemente inferior en sustancia que el primero. ¿Que reinó sería el caracterizado por ser "un reino de piedra"? ¿Y cómo podría un reino de piedra surgir como el más poderoso de todos? Este reino estaba reflejado como el pie en el sueño de Nabucodonosor. (Dios nos ha dado autoridad y dominio mediante Jesucristo para pisotear al enemigo. Debemos bajar nuestro pie).

Años después, Daniel tuvo otra visión que parecía repetir la de la estatua. Esa vez eran cuatro bestias: un león con alas de águila que se levantaba para convertirse en un hombre, el segundo era como un oso, el tercero como un leopardo con cuatro alas de ave y el cuarto una bestia con diez cuernos. Le fue dicho que esas criaturas representaban a cuatro reyes futuros, pero él no estaba seguro de cómo interpretarlos o de si tenían alguna relación con los reinos de la estatua.

Entonces, poco tiempo después, Daniel recibió otra visión, de un carnero y una cabra, representando de nuevo dos reinos futuros. El ángel Gabriel le dijo que eran los imperios medo-persa y después el griego. La experiencia le había dejado débil, y se quedó atónito durante algún tiempo. También la había dejado más confundido que antes acerca de lo que Dios estaba intentando decirle.

Entonces Daniel pensó en el último año de su vida. Tan solo meses atrás el último emperador babilonio, Belsasar, le había levantado de su cama para acudir e interpretar una señal que estaba viendo. Daniel estaba seguro de que Belsasar simplemente había estado bebiendo demasiado nuevamente, pero igualmente luchó contra el sueño y la impaciencia para mostrarse agradable, y abrió su corazón para oír lo que Dios tenía que decir a ese gobernante. Esa noche, una mano sola escribió en la pared de la habitación del emperador, y Belsasar: "Pesado has sido en balanza, y fuiste hallado falto" (Daniel 5:27). Murió esa misma noche, muerto cuando los medos ocuparon el palacio en un rápido asalto. Babilonia fue destruida, tal como Jeremías había anticipado que ocurriría en el texto que Daniel acababa de leer, pero entonces ¿por qué seguía Judá en cautividad a pesar del cumplimiento de lo que el profeta había visto?

En ese momento Daniel supo que tenía que actuar. Ante él estaba el código profético descifrado. Sabía que estaba ante un punto de inflexión de una era profética a otra. Así que Daniel pasó a la acción. Se puso de rodillas y comenzó a orar.

ENTENDER NUESTRA ERA PROFÉTICA

No estoy segura de lo familiarizado que está usted con la profecía de los últimos tiempos, y realmente no tengo espacio en este libro para hacer un trabajo exhaustivo para explicarlo, pero permítame darle la versión "reducida". Aunque hay varias interpretaciones de cómo se desarrollará todo esto, si mira los tres textos principales, lo que yo llamo los "tres picos", creo que es fácil obtener un bosquejo general de lo que veremos en los días por venir. El primero es Daniel 9:24–27, el segundo es Ezequiel 36–39 y el tercero es Mateo 24.

Cuando Daniel se hincó de rodillas ese día en la antigua Persia, Dios respondió su oración revelándole el plan final para la salvación tanto de su pueblo como también de quienes invocarían el nombre de su Hijo. Es un pasaje tan importante que se le ha denominado "la división continental de la profecía bíblica". Todo lo habido hasta entonces fue acerca de la ley de Moisés y mostraba su incapacidad para salvar totalmente; todo lo ocurrido después trata acerca del plan de Dios para salvar al enviar a su Hijo como una ofrenda sacrificial que cumpliría de una vez y por todas la ley y traería salvación a todos los que invoquen a Jesús como su Señor y Salvador. Vivir bajo la ley del Antiguo Testamento y ser la nación de Dios sobre la tierra se había convertido en un auténtico fracaso en tiempos de Daniel, ya que Israel y Judá habían desaparecido porque no habían seguido a Dios. Sin embargo, incluso en la cúspide de su fracaso, Dios les reveló la promesa de su redención futura y definitiva.

En dos palabras, como respuesta a su oración, un ángel se le apareció a Daniel y le habló de 70 semanas en las que Dios llevaría a cabo su plan de salvación definitivo. Conocido comúnmente como las "Setenta semanas de Daniel", este plan fue bosquejado en Daniel 9:24–27:

> Setenta semanas están determinadas sobre tu pueblo y sobre tu santa ciudad, para terminar la prevaricación, y poner fin al pecado, y expiar la iniquidad, para traer la justicia perdurable, y sellar la visión y la profecía, y ungir al Santo de los santos. Sabe, pues, y entiende, que desde la salida de la orden para restaurar y edificar a Jerusalén hasta el Mesías Príncipe, habrá siete semanas, y sesenta y dos semanas; se volverá a edificar la plaza y el muro en tiempos angustiosos. Y después de las sesenta y dos semanas se quitará la vida al Mesías, mas no por sí; y el pueblo de un príncipe que ha de venir destruirá la ciudad y el santuario; y su fin será con inundación, y hasta el fin de la guerra durarán las devastaciones. Y por otra semana confirmará el pacto con muchos; a la mitad de la semana hará cesar el sacrificio y la ofrenda. Después con la muchedumbre de las abominaciones vendrá el desolador, hasta que venga la consumación, y lo que está determinado se derrame sobre el desolador.

Puede parecer un tanto oscuro, pero en el pasaje Dios le muestra a Daniel tres periodos de tiempo (con otro incrustado en el espacio entre los dos últimos) que forma un total de setenta semanas que pasarían antes de que fuera liberada en la tierra la "justicia perdurable":

1. Después del decreto para reconstruir Jerusalén, habría siete semanas hasta terminar el trabajo.
2. Después, sesenta y dos semanas más pasarían hasta que el Mesías sería revelado y después "quitada" su vida.
3. Después la última semana comenzaría cuando "el príncipe que ha de venir", es decir, el anticristo, hiciera un tratado de paz con Israel y comenzara la Tribulación.

En esta profecía, cada semana representa un periodo de siete años, y en ese entonces el año judío se medía por ciclos de la luna en lugar de nuestra rotación alrededor del sol, de modo que cada año tenía 360 días y no 365, como medimos el año en la actualidad. Desde el tiempo del decreto para reconstruir Jerusalén en el año 445 a. C. (véase Nehemías 2:6–8) hasta que se terminó el trabajo, pasaron 49 años (siete veces siete años), y desde el tiempo del decreto hasta la revelación del Mesías serían 69 semanas, o 483 años judíos.

A finales del siglo XIX, un detective de Scotland Yard llamado Robert Anderson se sentó con esas cifras para hacer un cálculo exacto. Escogió el mes judío de Nisán en el año 445 a. C. como su punto de inicio y después determinó que 483 años judíos serían 173 880 días. Entonces, cambiando al calendario gregoriano que usamos actualmente, estableció que el primer día de Nisán en el año 445 a. C. sería el 14 marzo de ese año. Avanzando en el tiempo 173 880 días le llevó al 6 de abril del año 32 d. C., el domingo antes de la Pascua de ese año según el registro histórico, o más significativo aún, el día que conocemos como Domingo de Ramos: el día de la entrada triunfal de Jesús en Jerusalén el fin de semana antes de resucitar de la muerte. Según las Escrituras, ese fue el único día en que Jesús permitió que le honrasen públicamente como el Mesías. Con la fecha exacta del nacimiento de Jesús incierta como el año 0, es fácil ver que el 6 de abril del año 32 encaja sorprendentemente de manera precisa con el tiempo en que habría tenido lugar la primera Semana Santa.

Este pasaje entonces afirma que después de que el Mesías entregara su vida, habría un periodo en el cual el anticristo destruye Jerusalén y el templo, lo cual ocurrió en el año 70 bajo las tropas que dirigía el futuro emperador romano Tito, durante el cual habría una guerra constante, la cual terminó después de que se firmara un tratado de paz de siete años entre la nación de Israel y la figura mundial que después sería revelada como el anticristo mismo. Ese periodo de tiempo sería la era de la Iglesia, era en la cual vivimos actualmente, que comenzó con la resurrección de Jesucristo y terminará cuando comience la Tribulación, o la semana setenta de Daniel.

Pero ¿cuando se acercaría este periodo a su fin? ¿Cuáles serían los acontecimientos clave a observar antes del comienzo de la última semana de Daniel? Se nos dan en otros dos pasajes: Ezequiel 36–39 y Mateo 24, por Jesús mismo.

Es importante entender que Ezequiel estaba vivo cuando vivía Daniel, y si los eruditos bíblicos tienen sus fechas correctas, las profecías de Ezequiel 36–39 se dieron el mismo año en que Nabucodonosor saqueó Jerusalén cuando Daniel era un joven que servía en la corte de Nabucodonosor aproximadamente dieciocho años después de que Daniel hubiera interpretado para el rey el sueño de la estatua que representaba cinco reinos. Mientras Daniel recibía el bosquejo general del plan de Dios para la redención, Ezequiel recibió el siguiente acontecimiento profético: el regreso de los judíos a la nación de Israel para renovar su autogobierno.

Todas las generaciones desde tiempos de Pablo han mirado a los cielos esperando ver el regreso de Jesús, pero no todas las generaciones han tenido alineadas las señales dadas en la Escrituras para indicar que podría suceder. La primera y más importante de estas señales era el regreso de los judíos a su tierra natal para restablecer la nación de Israel, lo cual ocurrió en 1948 como profetizó Ezequiel. Es fácil restarle importancia al significado de esta profecía. En primer lugar, ninguna nación que haya sido conquistada y haya desaparecido (todos los judíos fueron exiliados de Judea por los romanos como resultado de la revuelta de Bar Kokhba en el año 135) ha regresado de nuevo al mismo lugar para restablecerse como nación, y mucho menos que haya sucedido después de casi dos mil años con casi todas las naciones en la región oponiéndose a ello. Desde el tiempo en que Jerusalén fue saqueada por Nabucodonosor hasta el 15 de mayo de 1948, Israel estuvo siempre, o bien bajo el reinado de otro imperio o dispersa por el mundo. Es sorprendente que el pueblo hebreo fuese capaz de preservarse culturalmente, ya no digamos étnicamente, durante ese periodo. Incluso durante la época de Jesús Israel no era independiente, ya que estaba bajo gobierno romano. De hecho, fue debido a que los judíos esperaban que el Mesías les librase políticamente que muchos no entendieron el Reino espiritual que Jesús predicó y enseñó.

Cuando Israel volvió a constituirse como nación en 1948, fue como si un reloj profético que se había detenido hacía mucho tiempo comenzara de nuevo a contar. Cuando le preguntaron a Jesús en Mateo 24:3: "¿qué señal habrá de tu venida, y del fin del siglo?", Él dio ocho señales distintivas que aumentarían en frecuencia e intensidad a medida que se acercara el tiempo:

1. "Porque vendrán muchos en mi nombre, diciendo: Yo soy el Cristo; y a muchos engañarán" (v. 5).
2. "Y oiréis de guerras y rumores de guerras" (v. 6).
3. "Porque se levantará nación contra nación, y reino contra reino" (v. 7).
4. "Y habrá pestes, y hambres, y terremotos en diferentes lugares" (v. 7).
5. "Entonces os entregarán a tribulación, y os matarán, y seréis aborrecidos de todas las gentes por causa de mi nombre" (v. 9).
6. "Muchos tropezarán entonces, y se entregarán unos a otros, y unos a otros se aborrecerán. Y muchos falsos profetas se levantarán, y engañarán a muchos" (vv. 10–11).
7. "Y por haberse multiplicado la maldad, el amor de muchos se enfriará" (v. 12).
8. "Y será predicado este evangelio del reino en todo el mundo, para testimonio a todas las naciones; y entonces vendrá el fin" (v. 14).

Aunque se han escrito libros enteros discutiendo acerca del aumento de estas señales, no es necesario ser científico espacial para leer la prensa diaria y ver que estas señales están aumentando. Hay más sectas y nuevas religiones hoy día que en toda la historia del mundo, y están aumentando a escala exponencial. Solo tiene que encender la televisión para oír los rumores de guerras, y algunas guerras llevan abiertas tanto tiempo que ni tan siquiera aparecen ya en las noticias. La persecución ha aumentado en el último siglo más que en el resto de toda la historia junta, y aunque los terremotos solo se han podido medir desde el año 1900, tres de los más fuertes han ocurrido en los últimos ocho años. Con la Primavera Árabe y sus repercusiones, continúan levantándose facción contra facción, y aunque el evangelio avanza con gran vigor en algunas áreas, otras se están volviendo tibias y frías en su fe a medida que las iglesias se enfocan cada vez más en el éxito terrenal que en el éxito eterno. Sin embargo, quizá la profecía más importante de todas se encuentre un poco más adelante en los versículos 32–34:

> De la higuera aprended la parábola: Cuando ya su rama está tierna, y brotan las hojas, sabéis que el verano está cerca. Así también vosotros, cuando veáis todas estas cosas, conoced que está cerca, a las puertas. De cierto os digo, que no pasará esta generación hasta que todo esto acontezca.

Una y otra vez a lo largo de la Escritura se usa la higuera para representar a las naciones de Israel. Así que cuando Jesús habla de la higuera que da hojas, está hablando sobre el florecimiento del renacido Estado de Israel como lo conocemos en la actualidad. La generación que nació el año del resurgimiento de Israel tendría unos sesenta años en este momento, y la generación nacida cuando Israel extendió sus actuales fronteras está entre los cuarenta y los cincuenta años. Cuándo comenzó exactamente esa parte del reloj, no lo sé, pero tengo que creer que sea cual sea la generación, está en la tierra hoy día.

Añadamos a esto que muchos maestros de los últimos tiempos señalan el tiempo antes del comienzo de la Tribulación y el Rapto como probablemente el tiempo de mayor avivamiento que jamás haya tenido la tierra. (Vea Mateo 24:14 de nuevo; también, Santiago 5:7 dice que antes del fin, Dios recibirá "el precioso fruto de la tierra"). Ya estamos viendo rumores de avivamiento en los lugares más inesperados. Hay informes de que en lugares como la Franja de Gaza e Irak, los musulmanes están llamando a las puertas de las iglesias cada día pidiendo que alguien les hable del Jesús que vieron en un sueño o visión la noche anterior. A un joven que tenía lista una bomba suicida para detonarla al día siguiente, se le apareció Jesús en un sueño. Cuando él se incorporó, una luz se movía hacia adelante y hacia atrás en su cuarto y continuó el diálogo que Jesús había comenzado con él en su sueño. El hombre salió por su ventana, dejando todo atrás, y durante los dos años siguientes comenzó a buscar a alguien que le hablara de Jesús. Según los expertos, el cristianismo es de nuevo la religión de más rápido crecimiento en el mundo. Creo que estamos a las puertas del mayor mover de Dios que el mundo haya visto jamás.[1]

PROFECÍA Y ORACIÓN

Como ocurrió con Daniel, es difícil leer los versículos y acontecimientos y no ver que estamos también en una era profética. Como tal, no hay más tiempo para orar "como siempre" lo hemos hecho, oraciones que básicamente dicen: "Señor, dame salud, riquezas y sabiduría". Cuando el mundo ha alcanzado una cifra de siete mil millones de personas y se acerca más al regreso de Cristo, hay una necesidad urgente de personas que oren como lo hizo Daniel, o como Ana, que "no se apartaba del templo, sirviendo de noche y de día con ayunos y oraciones" (Lucas 2:37), orando para poder ver al Mesías antes de morir. Debemos oír del cielo y poner en acción los planes de Dios en la tierra. Debemos recibir el evangelio para la salvación completa de sus oyentes, no tan solo decisiones solitarias por Cristo, sino toda una vida de decisiones de seguir a Jesús cada día. Dios no debe encontrarnos sentados en refugios subterráneos esperando el Rapto, sino trabajando fervientemente para extender su Reino a medida que la hora de su regreso se acerca.

No es suficiente con mirar el Reino desde lejos y apresurarnos a deslizarnos por debajo de la puerta justo a tiempo antes de que se cierre; debemos proseguir y ver el Reino establecerse dondequiera que vayamos. La salvación no es una decisión momentánea que nos garantiza el cielo, sino toda una vida de liberar justicia en nuestro mundo en todos los niveles. Como ha dicho en repetidas ocasiones Cornel West: "La justicia es el aspecto del amor en público".[2] Si vamos a vivir según el mandamiento de Cristo de amarnos unos a otros, la justicia tendrá que ser nuestra empresa en todo los niveles; y nada establece la justicia como lo hace establecer el Reino de Dios en un lugar.

No soy una predicadora pesimista. No introduzco el tema del regreso de Jesús para asustarle o para profetizar guerra y destrucción sobre usted. Ciertamente, sabemos por la Escritura que la Tribulación será un periodo difícil sobre la tierra, y a medida que nos acerquemos a ella, la oscuridad será más profunda y la luz más débil, pero quiero que usted que es parte de la luz esté entre quienes brillen al máximo; ¡al menos eso es lo que yo tengo pensado hacer! Donde abunda el pecado, ¡la Biblia promete que sobreabunda la gracia de igual modo! (Véase Romanos 5:20).

En esta era y esta generación cada uno debe involucrarse en la oración como lo hizo Daniel en su generación. Al igual que Daniel, cada uno ha recibido tareas específicas, que solo podemos llevarlas a cabo de manera eficaz y eficiente si las bañamos en oración. Usted ha sido plantado en su lugar de trabajo no solo para ganar un sueldo y poder vivir, sino para superponer, según la ley de vida en Cristo Jesús, la ley del pecado y la muerte, según Romanos 8:2. A medida que Dios pone a disposición más de sí mismo, quienes mejor escuchen de parte del cielo estarán en las cosas más increíbles. Lograremos grandes hazañas en su nombre hasta que los reinos de este mundo se conviertan en el Reino de nuestro Señor y de su Cristo, hasta que Él reine para siempre. Yo no sé usted, pero yo quiero estar en el medio de lo que Dios esté haciendo en ese momento en la tierra. Al igual que Daniel, cuando supo que estaba en un tiempo profético, oró y reclamó las promesas de Dios, nosotros debemos recordarle a Dios su Palabra, descargar los planes y tácticas de Dios y reclamar sus promesas para esta generación.

A medida que se acerca más el día del Señor, necesitamos también nosotros acercarnos más a Él. Será un tiempo emocionante para estar en la tierra, y creo que debemos prepararnos para ello haciendo nuestra parte donde estamos hoy. Es tiempo de orar, ayunar, obedecer y mostrar el poder de Dios; y todo empieza con usted cavando y peleando la batalla que tiene ahora mismo delante de usted. El cielo ya tiene los planes para su victoria, es la hora de descargarlos y caminar en ellos. Así como Dios protegió a Daniel y a José, también le protegerá a usted. Estará con usted cuando le arrojen a hoyos financieros y sociales proverbiales, hornos de fuego culturales y corporativos y fosos de leones políticos. Él pondrá tal distinción y favor sobre usted, que su estilo de vida y su testimonio tendrán la capacidad de persuadir a sus jefes, empleados, supervisores e incluso oficiales del gobierno para proclamar:

> De parte mía es puesta esta ordenanza: Que en todo el dominio de mi reino todos teman y tiemblen ante la presencia del Dios de Daniel; porque él es el Dios viviente y permanece por todos los siglos, y su reino no será jamás destruido, y su dominio perdurará hasta el fin. El salva y libra, y hace señales y maravillas en el cielo y en la tierra; él ha librado a Daniel del poder de los leones.
>
> —Daniel 6:26–27

La postura de Daniel fue un acto que podemos asemejar a la desobediencia civil de Henry David Thoreau, a la resistencia pasiva de no violencia de Mahatma Gandhi, Martin Luther King, Jr. y Nelson Mandela. Esta no es una estrategia política moderna, ya que podríamos retroceder hasta la resistencia pasiva de Sifra y Fúa contra la orden de aborto del faraón y las políticas del Holocausto judío. Como luchadores de resistencia, entender lo poderosa que es esta postura es importante porque es una negativa deliberada y no violenta a conformarse a las normas sociales, políticas y culturales, a las leyes, demandas, tradiciones de un país, sociedad o gobierno que menosprecia la Palabra de Dios. De algún modo (en India, conocido como *ahimsa* o *satyagraha*) se podría decir que es compasión expresada en forma de desacuerdo respetuoso. La Biblia dice que "el amor cubrirá multitud de pecados" (1 Pedro 4:8). El amor es más fuerte que la muerte. Esta estrategia se ha utilizado de generación en generación, desde las campañas de Gandhi por la independencia del gobierno británico, la Revolución del Terciopelo en Checoslovaquia, la caída del gobierno comunista de Alemania del Este, la lucha en Sudáfrica contra el apartheid, el movimiento por los derechos civiles en EE. UU., hasta el reciente movimiento Ocupa Wall Street.

La Biblia apoya esta filosofía porque es la estrategia usada por Jesús para hacer avanzar la agenda del Reino. Creo que funcionó porque está movida por la compasión, basada en la justicia y es bíblicamente sana.

> No os conforméis a este siglo, sino transformaos por medio de la renovación de vuestro entendimiento, para que comprobéis cuál sea la buena voluntad de Dios, agradable y perfecta.
>
> —Romanos 12:2

Cuando Jesús vino, lo hizo para establecer el reino de piedra. Es curioso pensar que el progreso de Dios nos lleva de nuevo a la "edad de piedra", no en el sentido natural sino en el espiritual, porque la piedra que los edificadores rechazaron se convirtió en la piedra angular. Jesús vino en la plenitud del tiempo. El tiempo de Dios es perfecto, preciso y acertado. Usted ha nacido en el tiempo indicado y en la generación adecuada. Su presencia en la tierra es importante. No debería subestimar nunca el cumplimiento de su tarea.

Cuando Jesús vino, el sueño de Nabucodonosor había alcanzado su pico más alto. Roma se había convertido en el gran poder político de la tierra. Era el primer gobierno que mantenía a las personas como trabajadores contratados en su propio país en lugar de llevarles a otro país. Nombraron gobernadores para gobernar sobre ellos. Israel, así como los romanos, esperaban que el rey estableciera un reinado físico aquí, en la tierra; de ahí su temor a la proclamación de Jesús de que Él era rey y su juicio y subsiguiente ejecución después de haber sido hallado culpable de alta traición.

> Porque un niño nos es nacido,
> hijo nos es dado,
> y el principado sobre su hombro;
> y se llamará su nombre
> Admirable, Consejero, Dios Fuerte,
> Padre Eterno, Príncipe de Paz.
> Lo dilatado de su imperio y la paz
> no tendrán límite,
> sobre el trono de David y sobre su reino,
> disponiéndolo y confirmándolo en juicio y en
>   justicia
> desde ahora y para siempre.
> El celo de Jehová de los ejércitos hará esto.
>   —Isaías 9:6–7

Cuando Jesús vino esta tierra, su misión primordial fue restaurar el gobierno de Dios. Esta misión geopolítica fue su mayor prioridad y pasión regada con oración. Él tenía tres opciones:

1. Condescender con el sistema existente, pero no lo hizo. Dijo en Juan 18:36: "Mi reino no es de este mundo".

2. Rebelarse y provocar que el gobierno se deshiciera de su poder, control, riquezas y recursos para su redistribución para un trato equitativo de todos. No escogió esta opción porque sabía que Dios era la fuente de todos sus recursos. Enseñó a sus discípulos en Mateo 6:33: "Más buscad primeramente el reino de Dios y su justicia, y todas estas cosas os serán añadidas".

3. Participar en la desobediencia civil contra el gobierno romano. Esta fue la opción que escogió cuando enseñó a sus discípulos a darle honra a quien honra merece en Mateo 22:21: "Dad, pues, a César lo que es de César, y a Dios lo que es de Dios". Y como tal, Él construyó un sistema alternativo, uno que produciría paz, poder, prosperidad y un aumento en la calidad de vida.

Esto significó que Jesús comenzaría una iniciativa para reconstruir soberana, cosmológica y divinamente el sistema existente utilizando una estrategia similar a la establecida por el gobierno romano. Cuando los romanos conquistaban una nación tras otra y un reino tras otro, sometiéndoles a su reinado, gobierno y dictadura, anunciaban la romanización del mundo mediante esta frase: "El reino romano viene y se hará la voluntad del César". El anuncio de Jesús del establecimiento de su Reino fue: "Arrepentíos, porque el reino de los cielos se ha acercado" (Mateo 4:17).

El anuncio del Reino no fue un movimiento religioso sino político. Jesús fue el diplomático y embajador de Dios enviado con esta misión y mandato:

- Misión: destruir las obras del diablo estableciendo el Reino.
- Mandato: redimir a la humanidad y devolverles a:
  - Una relación correcta con su Creador

- Su posición de poder, autoridad jurisdiccional y dominio en el ámbito de la tierra

Así como Daniel prosperó mediante la oración, a pesar de la persecución y las pruebas en su esfera de influencia que trazaron la línea proverbial en la arena de la justicia, y Jesús avanzó el Reino viviendo deliberadamente de tal manera que su vida transformaba a la gente, que usted tampoco doble su rodilla ante el dios de este mundo ni haga concesiones en sus convicciones cuando Dios le ascienda y prospere. Recuerde: así como Dios le hace cabeza y no cola, un líder industrial, quien marca tendencias y un agente de cambio, y a medida que se compromete a desarrollar una vida de oración, las Escrituras le prometen:

No os ha sobrevenido ninguna tentación que no sea humana; pero fiel es Dios, que no os dejará ser tentados más de lo que podéis resistir, sino que dará también juntamente con la tentación la salida, para que podáis soportar.

—1 Corintios 10:13

Porque las armas de nuestra milicia no son carnales, sino poderosas en Dios para la destrucción de fortalezas.

—2 Corintios 10:4

Ninguna arma forjada contra ti prosperará, y condenarás toda lengua que se levante contra ti en juicio. Esta es la herencia de los siervos de Jehová, y su salvación de mí vendrá, dijo Jehová.

—Isaías 54:17

Niéguese a mantener el statu quo.

SEGUNDA PARTE

ORACIÓN *en los* FRENTES *de* BATALLA

Cuanto más lleno esté el cristiano del Espíritu de Cristo, más espontánea será su entrega a la vida de intercesión sacerdotal ¡Amados compañeros cristianos! Dios necesita, en gran manera, sacerdotes que puedan acercarse a Él, que vivan en su presencia, y mediante su intercesión derramen las bendiciones de la gracia de Dios sobre otros. Y el mundo necesita sacerdotes que lleven la carga de los que perecen, y que intercedan por ellos.[1]

—Andrew Murray

CINCO

CAPACITACIÓN REVOLUCIONARIA

Mantener a otros desanimados nos cuesta todo

Trabaje como si todo dependiera de su trabajo, y
ore como si todo dependiera de su oración.

—William Booth

Si alguna vez llega un tiempo en que las mujeres del mundo se
reúnan pura y simplemente para el beneficio de la humanidad,
será una fuerza tan grande como el mundo nunca ha conocido.

—Matthew Arnold
Poeta y filósofo inglés del siglo XIX

No dudo que haya escuchado la historia de Ester muchas veces en muchos lugares distintos. Es una de las historias más destacadas de la Biblia, pero también pienso que olvidamos algunas cosas importantes de la historia porque nos perdemos en el esplendor del palacio, la intriga de la corte y la elocuencia de su primo Mardoqueo. Pienso que si volvemos a contarla como una película moderna de gánsteres, algo parecido a *Infiltrados*, sería incluso más relevante para nuestros tiempos. A fin de cuentas, Asuero (a quien la Historia conoce mejor como Jerjes I, el hijo de Darío I) era poco más que un jefe mafioso y un matón vestido con túnicas reales.

Descontento por la desobediencia de su esposa, la expulsó y organizó un concurso de belleza para reemplazarla. De un gueto judío surge Ester, la cual gana el corazón del rey con su figura, pureza y belleza. Ester era, en esencia, una esposa de bandera. Él la animaba y la amaba, pero es difícil imaginar que tuvieran mucho tiempo para estar juntos aparte del que tenían cuando él pedía que la llevaran a su dormitorio. Ella era una muchacha mantenida, una muchacha que tuvo que esconder su herencia para que le fuera bien, una muchacha a la que su esposo podía despedir simplemente chasqueando sus dedos, como había hecho con su primera esposa.

Aunque Ester era una reina, la verdad es que era poco más que una esposa vestida de ropa fina y entornos exquisitos. El acuerdo prenupcial era firme; Ester no tendría nada que su esposo no quisiera que tuviera, y si le molestaba cuando él estaba trabajando, podría literalmente costarle la cabeza.

Conozco muchas mujeres que creen que no tienen mucha importancia porque son solo esposa o madre, porque no trabajan fuera de casa, porque su relación con su esposo quizá sea difícil, y no sienten que tienen mucho poder o autoridad incluso sobre sus propias vidas. Si alguna vez se ha sentido así, creo que debería leer la historia de Ester una vez más bajo una nueva luz. Ella era como usted. Podría haber huido de la responsabilidad que le llegó y simplemente sentarse y quedarse en casa, pero no lo hizo, porque cuando entró en la sala del trono, cambió el destino de un pueblo. Y la sala del trono a la que entró fue simplemente la de una nación, mientras que a nosotros se nos dice:

> Acerquémonos, pues, confiadamente al trono de la gracia, para alcanzar misericordia y hallar gracia para el oportuno socorro.
>
> —Hebreos 4:16

El otro lado de la historia de Ester es, claro está, que era tan solo una joven empujada a la escena pública por su belleza, y realmente por ninguna otra razón que la de tener algo que agradó a un hombre muy rico y poderoso. Fue una ganadora de *American Idol*, una Miss Persia, la cantante que finalmente consiguió un gran contrato, el talento que se descubrió, la chica que se casó bien. Aterrizó en un lugar importante de popularidad y fama de su sociedad gracias a un atributo físico que Dios le había dado. Podía haber creído que ella tan solo era eso, un objeto deseado, o podía usar su posición para influir en el destino de su pueblo.

Creo que Ester es una historia tan popular porque toda mujer puede ver un poco de ella misma en Ester. Todos y cada uno, tanto hombres como mujeres, tenemos que tomar una decisión en cuanto a cuál es el lugar donde Dios nos ha puesto, acerca de lo que haremos para hacer influir al cielo desde donde estemos.

A muchos creyentes se les hace sentir que en cierto modo Dios no puede usarles porque están "en yugo desigual" (2 Corintios 6:14), pero quizá Dios le haya llamado a influenciar al influyente que hay en su vida. La tarea de Ester era crítica, porque ella tenía los oídos de una persona que tomaba decisiones y hacía política. Muchos de nosotros somos situados en esas posiciones para poder orar por el consejo divino. Mediante la oración y el ayuno, Dios le dio a Ester un plan para salvar a su pueblo y situó a Mardoqueo para darle consejo y sabiduría. Después, aunque era peligroso, lo puso en acción y vio a su pueblo no solamente a salvo sino también totalmente liberado de sus enemigos. A medida que usted ore y ayune, el Espíritu Santo le aconsejará y le revelará su plan redentor para su unión. ¿Cuál es el llamado que Dios le está pidiendo cumplir "para un tiempo como este"? (Ester 4:14).

EL VALOR DE UNA VIDA

Las Naciones Unidas, así como las agencias más desarrolladas en todo el mundo, han reconocido en décadas recientes que si queremos sacar una nación de la pobreza, la manera más eficaz de hacerlo es capacitando a sus mujeres. En las naciones más desarrolladas del mundo, por ejemplo, las mujeres generalmente tienen una posición igual a la de los hombres. Esto quiere decir que las mujeres ganan *aproximadamente* el mismo salario por el mismo trabajo, que están involucradas en el liderazgo tanto de las empresas como de la política, y que han sido educadas en números equitativos a los de sus homólogos masculinos. En las áreas más pobres de la tierra, los proyectos que han convertido a las mujeres y madres en empresarias han hecho más para elevar el estándar de vida en la comunidad y el bienestar de los niños que cualquier otro proyecto. Hay un viejo dicho que dice: "Si le das a alguien un pescado, tendrá comida para un día. Si le enseñas a ese alguien a pescar, comerá durante toda su vida". Pero parece que "si le enseñamos a una mujer a pescar, ella mejorará la calidad de vida de toda su comunidad".

Ahora bien, si está leyendo esto y es hombre, no estoy intentando decantarme ni de un lado ni de otro acerca de qué género es mejor o quién debería tener autoridad sobre quién. Se nos dice que, en la familia, "porque el marido es cabeza de la mujer, así como Cristo es cabeza de la iglesia" (Efesios 5:23). Y:

> Maridos, amad a vuestras mujeres, así como Cristo amó a la iglesia, y se entregó a sí mismo por ella, para santificarla, habiéndola purificado en el lavamiento del agua por la palabra, a fin de presentársela a sí mismo, una iglesia gloriosa, que no tuviese mancha ni arruga ni cosa semejante, sino que fuese

santa y sin mancha. Así también los maridos deben
amar a sus mujeres como a sus mismos cuerpos. El
que ama a su mujer, a sí mismo se ama.

—Efesios 5:25-28

Aunque se ha predicado mucho acerca de que el marido
sea "cabeza", creo que también se ha pasado mucho por alto
lo que verdaderamente dicen estos versículos. La analogía de
una cabeza y un cuerpo no es la de una jerarquía descenden-
te sino la de una cooperación entre mente y corazón, cerebro
y psique. Por ejemplo, ¿es posible que una cabeza se quede
sentada en el sofá viendo el fútbol en la televisión mientras
su cuerpo se va a por un refresco a la nevera? ¡No si ambas
partes quieren seguir viviendo! Como ya hemos comentado
brevemente en la analogía de la Iglesia como el Cuerpo de
Cristo, todo el poder del cerebro en el mundo vale de poco a
menos que la cabeza y el cuerpo estén sincronizados y actuan-
do juntos. Una cabeza inteligente no usa y abusa de su cuerpo para conseguir lo que quiere; eso sería una forma lenta y
demente de suicidio. En cambio, una cabeza nutre y cuida de
su cuerpo, porque el éxito de la cabeza y el cuerpo es mutuo.
El cuerpo nutre y oxigena la cabeza para que pueda pensar,
imaginar, soñar, ver y liderar con claridad. No hay éxito para
ninguno si no son uno.

Piense por un momento en la analogía de Jesucristo y la
Iglesia. No hay éxito para Jesús en la tierra sin el éxito de la
Iglesia. De hecho, Jesús pasa día y noche a la diestra del trono
de Dios orando por el éxito de la Iglesia, para que sea liberada de las cosas que la atan y la detienen, que la oprimen; para
que se dé cuenta del llamado que ha recibido de Él y participe
totalmente en el cumplimiento de los sueños de Él para cada
miembro. Jesús pasa muy poco tiempo intentando convencer
al Cuerpo de su liderazgo, ya que no es responsabilidad de
Él establecer su liderazgo; depende de la Iglesia el que oiga y

reconozca la verdad de la visión de Él para ella, y obedezca. La tarea de Él es decidir dirigir, instruir y nutrir; lo que el Cuerpo hace como respuesta depende del Cuerpo. Jesús no va a la guerra con el Cuerpo intentando hacer que le obedezca; en cambio, provee visión, provisión y liderazgo, y le encanta que el Cuerpo sea todo lo que puede llegar a ser.

Aunque la relación entre géneros debería ser de ese modo en el matrimonio, no es lo mismo entre hermanos y hermanas en Cristo. Como dijo Pablo en Gálatas 3:26–28:

> Pues todos sois hijos de Dios por la fe en Cristo Jesús; porque todos los que habéis sido bautizados en Cristo, de Cristo estáis revestidos. Ya no hay judío ni griego; no hay esclavo ni libre; no hay varón ni mujer; porque todos vosotros sois uno en Cristo Jesús.

Si somos "uno en Cristo Jesús", eso no significa que seamos todos iguales, copias exactas el uno del otro, sino que funcionamos como un cuerpo que trabaja junto para intentar maximizar la eficacia y el éxito de cada parte individual. Se comparte el liderazgo como se comparten las tareas poco importantes. Ya no hay "trabajo de mujeres" y "trabajo de hombres", sino "trabajo de Jesús". La Iglesia es una organización de "todos manos a la obra", y cuando alguien tiene una habilidad o una unción, el resto del Cuerpo debería liberar a esa persona para que lo haga para la gloria de Dios, dentro de los límites, claro está, para que muestre el carácter, la compasión y la piedad adecuada. Como Pablo dijo en Efesios:

> Crezcamos en todo en aquel que es la cabeza, esto es, Cristo, de quien todo el cuerpo, bien concertado y unido entre sí por todas las coyunturas que se ayudan mutuamente, según la actividad propia de

cada miembro, recibe su crecimiento para ir edificándose en amor.

—Efesios 4:15–16

Ahora bien, antes de seguir avanzando demasiado con esto, permítame decirle dónde quiero llegar realmente. Esto no es una redefinición de los papeles de los hombres y las mujeres en la Iglesia; estoy intentando regresar al valor de cada individuo que acude a Jesús independientemente de su género, raza, trasfondo o estatus socioeconómico. Lo que intento hacer es sacar del Cuerpo de Cristo "una manera del mundo" y conseguir que en cambio hagamos las cosas "a la manera del Reino del cielo".

La manera del mundo es subyugar y controlar, dividir y vencer, menospreciar y ensuciar a los que no son parte de nuestro grupo, etnia, raza, religión, género, partido político o cualquier otra cosa; incluso "creyentes" y "no creyentes" pueden ser una cuesta resbaladiza. Satanás inventó el "nosotros contra ellos", no Dios. Aunque hay "ovejas y cabras", por decirlo de algún modo, nada en la Biblia nos dice que depende de nosotros separarlos a menos que estén predicando falsas doctrinas o practicando el pecado abiertamente de una forma que les dañe tanto ellos como al cuerpo de creyentes conectados a ellos. De hecho, se nos dice repetidamente que no juzguemos (Mateo 7:1; Lucas 6:37; Romanos 14:13). Gálatas 3:28 podría decir fácilmente: " No hay demócrata ni republicano; no hay ni ejecutivo ni obrero; no hay blanco, marrón, rojo o beis", así como ninguna de las demás líneas que dibujamos en la arena para dividir a un grupo de otro. Aunque hay unidad en juntarnos con otros para identificar una herencia o a quienes tienen ideologías similares, cuando tales grupos se convierten en divisiones y causan luchas de poder, nos estamos enredando en la manera en que el enemigo hace las cosas, y no en la manera de Dios.

Lo que estoy diciendo es que para los que intentamos vivir en la manera del Reino de Dios, utilizar doctrina o tradición para desprestigiar a un grupo de personas con el fin de exaltar a otro no es el método de operaciones de Dios. Dios es un capacitador, y quiere tomar al débil y despreciado, al humilde y manso y verlos exaltados. Si Él humilla al orgulloso, es solo porque quiere ser Él quien exalte y no ver cómo ellos se exaltan a sí mismos para su propio detrimento. Su manera es maximizar el potencial de cada persona que acude a Él. Quiere que cada persona se convierta en todo lo que puede llegar a ser según el plan original de Él para cada uno.

Si queremos ser como Él y marcar una diferencia en la tierra, tenemos que actuar de la misma manera. Los hombres no deberían intentar mantener a sus esposas bajo su control, sino verlas crecer y liberarlas en la tierra para que sean todo lo que Dios les ha llamado a ser. Las mujeres no deberían tener celos de los "viejos clubes de chicos" a los que se culpa de las limitaciones que existen para ellas en los lugares de trabajo, sino que deberían luchar por establecer la bondad de Dios en ese lugar, permitiendo que Dios derribe las murallas como hizo en Jericó. Nosotros, hombres y mujeres, debemos tener las actitudes de siervos entre nosotros, levantándonos unos a otros y edificándonos unos a otros. El respeto y la autoridad fluyen cuando somos más semejantes a Jesús, y no por aferrarnos a nuestros títulos y posiciones como los que están en el mundo hacen, o usando estereotipos opresivos para ascendernos a nosotros mismos.

Con esto en mente, tenemos que ser los defensores de los que están siendo oprimidos y explotados. Jesús murió para que todos podamos ser libres, tenemos que vivir para lo mismo. Tenemos que orar por estas áreas, y luego actuar según lo que Dios nos esté diciendo que hagamos en ellas. Si hay un miembro del sexo opuesto o de otro grupo racial que sentimos que está poniendo piedras de tropiezo entre lo que somos ahora y lo que Dios quiere que seamos, se nos dice que oremos por ellos, no que nos quejemos de ellos. Si realmente queremos atacar la pobreza y la mortalidad infantil y aumentar el crecimiento en naciones en desarrollo, investiguemos puntos para mejorar la posición de las mujeres en esas naciones como una de las maneras más rápidas y eficaces para lograr esos objetivos. No es un asunto de los derechos de las mujeres como el mundo lo predica, sino un asunto de levantar a los oprimidos para la mejora de todos. Después de todo: "La religión pura y sin mácula delante de Dios el Padre es esta: Visitar a los huérfanos y a las viudas en sus tribulaciones, y guardarse sin mancha del mundo" (Santiago 1:27). Tengo que creer que esto tan solo se hace eco del llamado a "dar buenas nuevas a los pobres", "a sanar a los quebrantados de corazón" y "a poner en libertad a los oprimidos" (Lucas 4:18), como Jesús anunció que era su misión.

Cambio de mentalidades

Quizá una mejor forma de ilustrar esto sea contando una sencilla historia típica de las dificultades de las mujeres jóvenes en países no desarrollados. Una de tales historias es la historia de Kakenya.[1]

Kakenya era una joven en un poblado pobre africano. Sus padres arreglaron su matrimonio cuando tenía solo cinco años, algo típico de su cultura. En su poblado, cuando una niña puede caminar, se le enseña a barrer la casa, recoger agua del río y cocinar para su familia. A las niñas se les entrena para ser madres, y a los niños para ser guerreros. Es un ciclo que refuerza un estilo de vida que ya no es funcional y que mantiene al poblado viviendo como se hacía siglos atrás en vez de permitir el progreso. También dicta una vida muy difícil para todos.

Kakenya, sin embargo, quería algo más. Quería ser maestra. Sus padres le dijeron que si terminaba sus tareas de cada día, podría ir a la escuela, así que Kakenya trabajaba muy duro cada mañana para terminar temprano e ir a la escuela.

En ese poblado, cuando las niñas tienen entre doce o trece años, pasan por una ceremonia que, según se les dice, les convierte en mujeres. Les dicen que no deben llorar durante esa ceremonia. Cuando son mujeres, se pueden casar, e ir a la escuela rápidamente desaparece de entre las opciones de una adolescente que tiene un marido que cuidar y que pronto se convierte en mamá.

Kakenya fue a su padre y le convenció para poder terminar la escuela secundaria antes de que le obligara a casarse, y después de un tiempo, él accedió. Entonces, cuando estaba cerca de su graduación, quiso ir a la universidad para cumplir así su sueño de convertirse en maestra. Sin embargo, su padre estaba muy enfermo, así que no tenía medios para enviarla allí.

En su cultura, cuando un padre se enferma es responsabilidad de todos los demás hombres de su edad en la comunidad convertirse en los padres de sus hijos. Además, la tribu tenía la costumbre de que cualquiera que llegue a ti antes de que salga el sol es portador de buenas noticias, y por tanto no se les debe decir no. Por tanto, sistemáticamente Kakenya se levantaba temprano y acudía a los hombres del poblado antes de que saliera el sol uno a uno. Finalmente, cuando todos los ancianos accedieron, reunieron su dinero y enviaron a Kakenya a la universidad. Ella fue la primera chica del poblado en ir a la universidad.

Kakenya trabajó mucho y finalmente obtuvo su título. Con él regresó a su poblado y ayudó a construir una escuela de primaria donde las niñas pudieran ir, soñar y escapar del ciclo de la pobreza que Kakenya tan solo había conseguido burlar. Significaba unos pasos gigantes hacia adelante para todo el poblado.

Ninguna nación que sobrecargue un importante grupo de talento puede jamás alcanzar su máximo potencial. Con las mujeres formando la mitad de la población de cualquier cultura, ellas representan un gran grupo de talento que debería ser capacitado para llevar al mundo lo que Dios ha puesto en ellas. Esto no significa que las mujeres no deberían ser amas de casa y madres, ya que esa es una función enormemente importante, sino que las mujeres deberían tener la libertad de convertirse en todo lo que Dios las haya llamado a ser.

En áreas donde las mujeres aún están subyugadas, en muchos países como ciudadanas de segunda clase, donde se les limita a trabajar en la agricultura o tareas de poco valor, las familias y las sociedades sufren. Mientras tanto, costumbres bárbaras como la mutilación de los genitales femeninos se siguen practicando como una manera de esclavizar a las mujeres en demasiados países. Cuando se aprovechan de mentes que previamente han sido subyugadas, explotadas o ignoradas, el efecto no es el de la suma, sino el de la multiplicación exponencial. Cuando las mujeres son capacitadas, nuevos productos se ponen a disposición que entran a nuevos mercados, consiguiendo dinero nuevo en las comunidades y elevando los estándares y la disponibilidad de trabajos para poblados y ciudades. Se crean nuevas redes de trabajo, e ideas que se necesitan entre sí para tener éxito tienen mejores oportunidades de conocerse y crear más avances. La educación, el cuidado médico y la participación en el proceso político reciben nueva financiación y enfoque.

El mundo necesita un nuevo equilibrio radical entre sus ciudadanos, un equilibrio que capacite a todos para que sean todo lo que puedan ser en vez de que alguien les explote o intente controlarles. Aunque puede que las mujeres sean el mayor grupo que se beneficie de esto, también significa nuevas relaciones radicales entre razas, grupos étnicos, religiones y partidos políticos. Siempre habrá diferencias, pero si aceptamos la diversidad en lugar de evitarla, si nos alimentamos y aprendemos unos de otros en vez de controlar y competir por el poder, esas diferencias nos enriquecerán y nos harán en general más saludables y sabios.

Recuerdo estar orando por este fin por aquellos que malévolamente usan o abusan de otras personas. (Véase Mateo 5:44). Haga las oraciones de Efesios por ellos, para que sus ojos sean abiertos para que vean quién es Dios y la profundidad y anchura de todas las dimensiones de su amor. Cuando lo haga, abrirá nuevas posibilidades no solo para usted sino también para todo el mundo. Tenemos que unir nuestro éxito al éxito de todos, porque cuando el nivel acuífero aumenta, todos aumentamos con él.

SEIS

LIBERAR A LOS CAUTIVOS

Romper los lazos de explotación, opresión y abuso

> Dondequiera que la fe ha aceptado el amor del Padre, la
> obediencia acepta la voluntad del Padre. La rendición, y
> la oración por una vida de obediencia semejante a la del
> cielo es el espíritu de la oración como la de un niño.[1]
>
> —Andrew Murray

A pesar de crecer en el campo misionero, Shelley Hundley entró en la universidad, una universidad cristiana, por cierto, como atea declarada y hostil. Al haber sufrido abusos siendo niña a manos de otro misionero mientras vivían en Medellín, Colombia, una de las ciudades más violentas y peligrosas del mundo, Shelley llegó al convencimiento de que Dios no podía existir si ocurrían atrocidades así de manera tan regular sin haber repercusiones. Si no había justicia, no había Dios. El abuso de su pasado le había molestado tanto que había borrado sus recuerdos. Un encuentro con alguien que había estado en el campo misionero con sus padres sacó a la luz algunos hechos de abusos sufridos también por otros niños, algunos de los cuales habían sido amigos suyos, y de repente los recuerdos comenzaron a aflorar con un increíble dolor y sentimientos de autoaversión e indignidad. Fue eso lo que propició la convicción de Shelley de que no había Dios, y su determinación a poner fin a su vida.

La historia de Shelley es suficientemente desgarradora, ya que ilustra el trauma y el dolor que un ser humano puede infligir a otro, pero también el desenlace es aún más destacable por lo que muestra de la gracia y misericordia de Dios. Cuando iba de camino al tejado de su dormitorio para arrojarse al vacío, alguien intervino milagrosamente, y Shelley terminó en una sala acolchada en un edificio médico local donde no podía hacerse daño a sí misma. Sentada en esa sala, literalmente al final de su cuerda, Shelley hizo una sencilla oración al Dios en el que no creía:

> Si existe un Dios que pueda oírme, si existe un Dios que pueda verme ahora mismo en el estado en que estoy: si quieres que viva, tienes que darme dos cosas, o no puedo seguir. No seguiré así.
>
> Primero, tienes que demostrarme que lejos de toda duda, solo entre tú y yo, eres real. No me valdrá nuevamente lo que otra persona diga. Segundo, si te muestras a mí, saber que existes no me es suficiente. Tienes que mostrarme que puedes hacer algo con este dolor. De lo contrario, juro ahora mismo que no viviré así, y pondré fin a mi vida en cuanto vuelva a tener ocasión.[2]

Aunque no le dio una respuesta inmediata, Dios escuchó la oración de Shelley, y un poderoso conjunto de circunstancias entraron en acción. Mientras un grupo en el campus seguía orando por ella, las cosas empeoraron para Shelley. Le dieron el alta del hospital después de diez días, pero algo en la cafetería pocos días después provocó los recuerdos más horribles que había experimentado hasta entonces, y Shelley entró en un shock tan traumático cuando regresó a su habitación que quedó catatónica, tumbada e inmóvil en su cama y mirando al vacío. Durante los días siguientes, amigos y consejeros le ayudaron a salir de eso, pero el deseo de acabar con su vida cada vez era más fuerte, y de nuevo fue hospitalizada. Mientras tanto, los estudiantes seguían orando y ayunando, pidiendo por su salvación.

Estar fuera de la escuela durante tanto tiempo afectó a las tareas y calificaciones de Shelley, así que pasó mucho tiempo hablando con profesores cuando volvió a salir. La mayoría de sus profesores parecían haberse olvidado de ella, salvo su profesor de historia. Una tarde cuando él le llamó, estaba segura de que le iba a preguntar por un trabajo de redacción que vencía su plazo o a probar su mala excusa por faltar a clase esa semana, pero en lugar de eso le dijo: "Shelley, estaba orando esta mañana y preparando el estudio bíblico del sábado por la noche que dirijo en mi casa cada semana, y Dios me habló...Dios me dijo que debes venir esta noche. Dios va a sanar tu cuerpo y a tocar tu corazón".[3] Shelley sintió que ese era el último lugar en la tierra donde quería estar, pero por alguna misteriosa razón, accedió a ir. Decidida a cumplir su palabra, apareció al final para poder irse rápidamente, pero no entendió el tipo de estudio bíblico al que acudía. En lugar de terminar cuando el reloj marcaba que era el momento de irse, siguieron hasta que Dios terminó con lo que quería hacer. Shelley le dijo a su amiga que le esperase en el automóvil, ya que pensaba entrar, saludar a su profesor y luego despedirse.

Cuando entró, el grupo estaba concluyendo en adoración. Ella nunca había visto a personas tan involucrada en sus canciones, levantando sus manos, con los ojos cerrados, derramando su alma ante Dios. Tan pronto como contactó visualmente con su profesor, este silenció a los líderes de alabanza y anunció que ella estaba allí. El grupo inmediatamente le rodeó con una amorosa atención. "Shelley, ¿podemos orar por ti?", preguntó el profesor. Sin estar muy segura de lo que quería decir, respondió: "Sí. Claro, oren por mí". El profesor puso una silla en el centro de la sala y le pidió a ella que se sentara. Ella no estaba segura del porqué, pero de nuevo accedió y obedeció. Aquello era distinto a todo lo que había experimentado creciendo en una iglesia o en el campo misionero. Incómoda con que otros le tocasen, Shelley se quedó impresionada cuando todo el grupo impuso sus manos sobre ella desde la cabeza hasta sus pies. Se puso tensa y cerró sus ojos, diciéndose: "Dios, si existes, mejor que te reveles ahora porque nunca me volveré a humillar de esta manera". Eso pareció ser lo único que Jesús necesitaba.

Inmediatamente, una presencia con mucho peso descendió sobre Shelley, y perdió la noción de lo que estaba sucediendo a su alrededor. Era como si estuviera en la sala a solas con Dios. Como ella lo describió: "Cada fibra de mi ser sabía que Él era real, que estaba presente y que podía hacer lo que quisiera conmigo... Fue algo aterrador y fascinante a la vez".[4]

Cuando esa sensación comenzó a irse lentamente, Shelley comenzó a ser consciente de quienes estaban a su alrededor. Cuando lo hizo, les oyó decir cosas de su infancia que no le había contado a nadie. Su autoaversión y vergüenza comenzaron a romperse bajo el peso del amor que sintió del grupo y las palabras que le dijeron directamente del corazón del Padre. La chica que se arrodilló delante de ella poniendo las manos sobre sus zapatos, una chica de la que Shelley había abusado verbalmente en varias ocasiones y con quien siempre se había comportado con rudeza, comenzó a llorar incontrolablemente. Levantándose, puso su frente junto a la de Shelley pero parecía que las palabras no querían salir al intentar hablar. "Lo que sucede es que... es que...". Tartamudeaba y sollozaba. "Es que... es que... ¡Él te ama tanto!".

En ese instante, aunque no podía entender con su mente ni siquiera la mitad, Shelley de repente se dio cuenta de que había algo por lo que valía la pena vivir: conocer el amor de Dios cono esa chica conocía el amor de Dios. Decidió en ese momento hacer lo que fuera necesario para experimentar la realidad y profundidad de ese amor por ella. Y, sí, Dios pudo hacer algo con su dolor. En las semanas sucesivas, Shelley pasó por las etapas de recuperación que normalmente las personas tardan años en experimentar. La transformación que comenzó en la vida de Shelley en esa reunión continúa hoy en su trabajo con Mike Bickle y el resto de la plantilla como profesora e intercesora en la Casa internacional de oración, en Kansas City, Missouri.

Al orar por la sanidad de su pasado y por otros que habían experimentado un abuso similar, Dios se reveló a Shelley de una manera que hemos olvidado en nuestra sociedad moderna: como el Dios que luchará por sus hijos contra todo aquel que intente dañarles o maltratarles. Fue una revelación de Dios como juez, pero no el juez que busca aplastarnos cada vez que fallamos; Dios es el juez justo que reivindicará a sus hijos amados y que hará caer la justicia radicalmente sobre sus perseguidores. Es una de las revelaciones más poderosas de quién es Dios que jamás he leído. Le animo a que consiga su libro, *Un clamor por la justicia*, y lo lea para obtener el impacto completo de lo que Dios ha mostrado a Shelley. Jesús no solo nos ama, sino que también es el juez justo que lucha por los oprimidos, los que han sufrido abuso y explotación. Conocer a Cristo como nuestro justo juez conlleva tanto liberación como justicia, y al conocerle Él está con nosotros cuando le entregamos nuestras preocupaciones, heridas y ansiedades.

Cuando la justicia corre como las aguas, y la rectitud como un río poderoso

Vivimos hoy en un mundo con más hombres, mujeres y niños en esclavitud que todos los que sacaron de África. Se cree que hay ahora unos 35 millones de esclavos sobre la tierra, y la mayor parte de ellos son utilizados para traficar sexualmente. Las mafias venden drogas, armas y seres humanos como los tres artículos más rentables, destruyendo a millones de personas más en el proceso. Mientras tanto, en los hogares de toda América se llevan a cabo indescriptibles actos de violencia y abuso sobre los más inocentes. ¡Incluso sucede en nuestras iglesias! Hay pedófilos que abusan de varias víctimas antes de que se empiecen a dar pasos para sacar a la luz sus iniquidades.

La presión no solo es contra individuos. En todo el mundo los cristianos reciben ataques en las calles, así como en sus iglesias, por sus creencias. Recientemente, en Nigeria, una iglesia fue bombardeada y los miembros de esa iglesia asesinados con ametralladoras cuando huían de las llamas. Otros creyentes están en las cárceles de todo el mundo porque reconocen que Jesús es el único camino al cielo, y algunos incluso están en el corredor de la muerte. Tales cosas no deberían suceder.

Necesitamos un juez que actúe y corrija las cosas.

Sin embargo, al mismo tiempo tenemos que saber que la cruz fue el juicio supremo para todas las personas. Cuando los primeros cristianos oraban por Saulo el perseguidor que estaba intentando aplastar a la Iglesia primitiva, Dios le visitó con justicia, y Saulo se convirtió en el apóstol Pablo. Dios cambió las tinieblas en luz. Cuando Shelley Hundley finalmente se encontró cara a cara con la persona que abusó de ella años después de haber entregado su vida a Dios, ya había orado por lo que ese hombre le había hecho y le había perdonado de una forma que el mundo no podría imaginar. Cuando le miró, le vio como Dios le veía: un hombre roto y corrupto por el que Jesús había muerto así como había muerto por todos los demás. Ella oró para que los ojos de su abusador fueran abiertos para conocer quién es Dios y lo mucho que le amaba. Si él aceptaba ese amor y permitía que le transformase, Dios podría sanarle radicalmente también, pero si rehusaba, la justicia tomaría un curso muy diferente. Hay una razón por la que la Biblia nos dice que el temor de Dios es el principio de la sabiduría, porque hay mucho que temer de un Dios tan impresionante que no permitirá que la sangre de sus mártires o la inocencia robada de sus hijos se queden sin retribución. Incluso la tierra misma gime con terremotos y calamidades esperando que la justicia se establezca en la tierra. El mundo no se construyó como un lugar que pudiera soportar la corrupción procedente del pecado. A medida que las cosas se oscurecen, la tierra clama más para que se establezca la justicia de Dios. Como Pablo nos dice en Romanos:

> Porque la creación fue sujetada a vanidad, no por su propia voluntad, sino por causa del que la sujetó en esperanza; porque también la creación misma será libertada de la esclavitud de corrupción, a la libertad gloriosa de los hijos de Dios. Porque sabemos que toda la creación gime a una, y a una está con dolores de parto hasta ahora.
>
> —Romanos 8:20–22

Así, a medida que el mundo se oscurece al acercarse al final de la era actual, la tierra gemirá más con revueltas y calamidades como ya hemos visto con el huracán Katrina y los terremotos en Haití o los tsunamis que sacudieron Japón. Sin embargo, tales cosas son como la lluvia que cae sobre justos e injustos. (Véase Mateo 5:45). No golpean esos lugares como una manifestación de "la ira de Dios" que está cayendo, sino porque la tierra está gimiendo por la corrupción del pecado. No está sacudiendo áreas específicas debido a su pecado, sino que llega devastando a justos e injustos de igual forma. No hubo ningún intercesor posicionado en la brecha antes de que esas cosas ocurrieran, no hubo profeta que alertase a los que oran de la necesidad de una oración más diligente para evitar estas catástrofes. Por esto tenemos que orar hasta que podamos *realmente* orar. Necesitamos cavar en Dios de modo preventivo para que Dios piense en nosotros antes de que algún nuevo acontecimiento sacuda la tierra. Esto es exactamente lo que ocurrió cuando Abraham oró por Sodoma y Gomorra en Génesis 18. Dios conocía a Abraham como su compañero de pacto en la tierra: su *amigo*. Cuando Dios supo que Sodoma y Gomorra debían ser juzgadas o de lo contrario su maldad invadiría la tierra, se dijo a sí mismo:

> ¿Encubriré yo a Abraham lo que voy a hacer, habiendo de ser Abraham una nación grande y fuerte, y habiendo de ser benditas en él todas las naciones de la tierra? Porque yo sé que mandará a sus hijos y a su casa después de sí, que guarden el camino de Jehová, haciendo justicia y juicio, para que haga venir Jehová sobre Abraham lo que ha hablado acerca de él.
>
> —Génesis 18:17–19

Considerando esto, Él decidió comprobar dos veces para ver si las cosas realmente eran tan malas como parecían, y en el proceso alertó a Abraham de la terrible situación de las dos ciudades. Conociendo la naturaleza de Dios como la conocía, Abraham comenzó a razonar con Dios desde la perspectiva de la naturaleza de Dios. ¿Destruiría Él al justo con el injusto? ¿Cuántas personas justas debía haber para que Él salvara la ciudad? ¿Cincuenta? ¿Cuarenta y cinco? ¿Cuarenta? ¡Treinta? ¿Veinte? ¿Diez? Finalmente, Dios accedió: "No la destruiré, respondió, por amor a los diez" (v. 32). Abraham, confiado en que su sobrino Lot al menos habría convertido a una docena para vivir rectamente, lo dejó ahí. Si hubiera seguido empujando, quizá hubiera sido capaz de persuadir a Dios para que perdonara a toda la ciudad solo por causa de

Lot; pero al final, cuando solo Lot y su familia fueron hallados justos, Dios les salvó mientras las metrópolis de Sodoma y Gomorra eran destruidas.

Vemos que Dios perdonará a una ciudad o incluso a toda una nación por causa de un alma fiel que permanezca en la brecha por ella. En Éxodo 32, Dios se harta tanto del pecado de los hijos de Abraham a quienes había liberado de Egipto, que está listo para barrerles del todo y comenzar de nuevo la nación de Israel solo con Moisés. Pero Moisés, sabiendo que esa no es la verdadera naturaleza de Dios, comenzó a razonar con Dios en busca de una opción diferente.

> Entonces Moisés oró en presencia de Jehová su Dios, y dijo: Oh Jehová, ¿por qué se encenderá tu furor contra tu pueblo, que tú sacaste de la tierra de Egipto con gran poder y con mano fuerte? ¿Por qué han de hablar los egipcios, diciendo: Para mal los sacó, para matarlos en los montes, y para raerlos de sobre la faz de la tierra? Vuélvete del ardor de tu ira, y arrepiéntete de este mal contra tu pueblo. Acuérdate de Abraham, de Isaac y de Israel tus siervos, a los cuales has jurado por ti mismo, y les has dicho: Yo multiplicaré vuestra descendencia como las estrellas del cielo; y daré a vuestra descendencia toda esta tierra de que he hablado, y la tomarán por heredad para siempre. Entonces Jehová se arrepintió del mal que dijo que había de hacer a su pueblo.
>
> —Éxodo 32:11–14

Las Escrituras nos dicen:

> Porque no hará nada Jehová el Señor, sin que revele su secreto a sus siervos los profetas.
>
> —Amós 3:7

En nuestra era, eso significa que Dios está buscando a personas en la tierra que escuchen las instrucciones del cielo acerca de necesidades que necesiten oración, de personas por las que haya que interceder, y de cosas por las que haya que orar antes de que sucedan para evitarlas. Cuando no hay ningún intercesor dispuesto a estar en la brecha y orar hasta que la justicia del cielo pueda vencer a la corrupción de la tierra, legalmente según la Palabra de Dios, el caos reina y vidas son destruidas en guerras, pestilencias, hambrunas y/o desastres naturales.

Aunque hemos visto la devastación que pueden producir tales cosas, solamente el cielo sabe cuántas otras se han frustrado mediante la oración. El primer curso de la justicia de Dios es siempre la gracia, pero si no hay arrepentimiento o aceptación de esa gracia, lo que ocurre después raras veces es bonito. El pecado siempre cuesta sangre para expiarlo, y si no pedimos la sangre de Jesús sobre una situación, entonces las ramificaciones son siempre nefastas, ya sea para un individuo o un país.

Por otro lado, ¿quién sabe cuántas generaciones podrían salvarse por pasar una noche de rodillas orando bajo la dirección del cielo? Israel se salvó por la oración de Moisés; ¿cuántos de los que viven hoy nunca lo hubieran hecho si la generación se hubiera perdido? ¿Y qué habría ocurrido con la descendencia de Lot y su familia? Del linaje de David llegó el pueblo de Moab, y Rut era moabita. Rut se convirtió en la abuela de David y una de las personas que aparecen en la genealogía de Jesús mismo. De no haber sido por la oración de Abraham generaciones atrás, ¿dónde estaría Rut? Es difícil de saber, pero Dios se habría visto obligado a traer al Mesías a la tierra mediante un linaje distinto. Esto no es ningún absoluto, sino una ilustración de cómo una oración puede cambiar el destino de personas generaciones después. Su fidelidad al orar bajo la dirección del cielo hoy *tendrá* consecuencias eternas, incluso aunque usted nunca vea las implicaciones de sus oraciones en toda su vida.

Sé que eso ha sido cierto en mi propia vida. Cuando era niña y vivía en la pobreza, mi madre me enseñó una carta de una antigua vecina que decía que estaba orando por nuestra familia y concretamente por cada uno de los hijos. Mi vida sigue siendo afectada hoy por las oraciones que hizo una señora a la que nunca conocí. Aunque ya murió, sus oraciones prevalecen aún. Creo que en parte fueron sus oraciones las que me sacaron de la pobreza.

Puedo pensar en muchas naciones por las que estamos orando hoy, desde Liberia a Kenia, desde Marruecos a Brasil, desde Corea del Norte a Holanda, desde Rusia a la Patagonia, desde Israel a Irlanda, desde Canadá a Chile, que nunca hemos visitado físicamente, pero que podemos ayudar espiritualmente. Cuando oramos por esas personas hoy, ¿qué nacerá en esos lugares? ¿Qué grandes líderes, qué grandes científicos, qué grandes inventores, qué grandes hombres y mujeres de Dios surgirán de esos lugares debido a nuestras oraciones? No solo el cielo cuenta con nuestras oraciones, sino también es muy probable que haya alguien más por ahí que nunca sepamos que existió hasta el día que se acerque a nosotros en el cielo y nos agradezca el haber orado esa hora específica en ese día concreto. Puede que yo no conozca todo acerca de la oración, pero una cosa sé: Dios responde la oración.

ECHAR NUESTRA ANSIEDAD

Pablo nos dice en Efesios:

> Porque no tenemos lucha contra sangre y carne, sino contra principados, contra potestades, contra los gobernadores de las tinieblas de este siglo, contra huestes espirituales de maldad en las regiones celestes.
>
> —Efesios 6:12

Tenemos que saber, como le sucedió a Shelley, que no somos responsables de "infligir" justicia en nuestro mundo, sino entregarla en las manos de Jesús en oración y después hacer lo que Él nos indique. Debemos arrancar el mal de raíz, lo cual ocurre en el ámbito espiritual, y luego actuar en esa victoria en lo natural.

Repito: el trabajo de William y Catherine Booth con el Ejército de Salvación es un gran ejemplo de equilibrar el trabajo de lo físico con lo espiritual para atacar los problemas sociales de su tiempo. Ellos pusieron "perforadoras de rodillas" en cada puesto del Ejército, bañando cada actividad y acción con ferviente oración. Eran tan categóricos con esto, que una vez al enviar reclutas a una nueva zona y saber que no estaban alcanzando a nadie, el General Booth les envió un simple telegrama, diciendo: "Prueben lágrimas". Cuando invocaron a Dios con mucha más intensidad, se estableció un nuevo puesto del Ejército de Salvación en esa ciudad.

Al mismo tiempo hicieron lo que pudieron en lo natural y escribieron sus planes para sacar a la gente de la pobreza. Creían que no se podía salvar el alma de un hombre o una mujer cuyo estómago sonara mientras se le predicaba el evangelio, y al mismo tiempo se negaban a quitar la dignidad de la gente dándoles limosnas. Las personas que necesitaban alojamiento podían conseguirlo a muy bajo coste, o si no les daban trabajo para que se ganaran su estancia. Lucharon por conseguir mejores condiciones laborales en fábricas, ayudaron a la gente a reciclarse para conseguir nuevos trabajos, desarrollaron un elaborado plan para elevar la edad de consentimiento para tener relaciones sexuales en Gran Bretaña y terminar con la prostitución infantil, así como una gran variedad de trabajos que Dios les encomendó. Lograron mucho en solo unas décadas yendo a los más pobres de entre los pobres y capacitándoles para ser todo lo que podían ser en Cristo.

En un mundo de siete mil millones de personas y con sociedades ebrias de entretenimiento propio o cumpliendo sus deseos más oscuros, muchos de los males que organizaciones como el Ejército de Salvación ayudaron a minimizar han regresado hoy con más fuerza. Debemos combatirlos en oración y acción. Debemos protestar contra ellos en las salas consistoriales del gobierno y en las salas del cielo. Debemos conseguir una mayor revelación de Jesús como juez y un mayor entendimiento y visión tanto del temor del Señor como del amor ágape de Dios, lo cual nos lleva de vuelta a las oraciones de Pablo por los efesios.

Aunque la oración es principalmente y ante todo conectar con Dios, también es influir en el cielo para beneficio de la tierra y descargar los planes del Reino para la salvación y redención de los ciudadanos de la tierra. Convertirse en personas apasionadas como los abolicionistas de antaño y los que marcharon con el Dr. King solo debería alimentar más nuestras oraciones. Es momento de dejar a un lado más aún las distracciones de este mundo para entender mejor los caminos del Reino y desgastar el velo existente entre el cielo y la tierra. Si no lo hacemos quienes lo sentimos con más intensidad y tenemos el oído del cielo como nuestra herencia, ¿quién lo hará?

SIETE

ECONOMÍA RADICAL

Entender las verdaderas riquezas y el propósito del dinero

El primero y principal objetivo del trabajo era (y sigue
siendo) que Dios pudiera ser magnificado en el hecho de
que los huérfanos bajo mi cargo reciban su provisión, de
todo lo que necesiten, solamente mediante la oración y la
fe, sin que yo ni ninguno de mis colaboradores le pidamos
a nadie, a través de lo cual se pueda ver que Dios sigue
siendo fiel y que sigue escuchando las oraciones.[1]

—George Müller

El colapso financiero de 2008 sacudió la estabilidad del
sistema financiero mundial y aumentó la brecha existente
entre ricos y pobres en todo el mundo. Doctrinas de desregu-
lación para las seguridades e industrias de inversión bancaria
que comenzaron en los años de Reagan y que aumentaron los
presidentes Clinton y Bush "liberaron" a Wall Street, desde
invertir para incentivar la industria hasta jugar con los ahorros de la jubilación de las personas. Esperaban haber sido los
últimos en sostener la patata caliente de las derivadas y obli-
gaciones hipotecarias que al final demostraron ser poco más
que promesas en papel sin valor alguno. Al decirle al Congreso que la "mano invisible" de Adan Smith, un concepto
que Smith solo mencionó una vez en todos sus escritos, man-
tendría la economía siempre en equilibrio, Wall Street gastó

miles de millones para conseguir votos para liberar su egoísmo a fin de conseguir todo lo que pudiera antes de que estallara la burbuja.

En los años ochenta Wall Street solo era responsable del 15 por ciento de todo el beneficio empresarial en los Estados Unidos. Aportaron dinero especulativo a empresas que desarrollaban productos que podían hacer la vida más fácil y más cómoda. Este tipo de especulación y de inversión bancaria se estaba poniendo en cuarentena cuidadosamente del resto de la economía de los EE. UU., así que si se descontrolaba, solo sus propios inversores sufrirían mientras que el resto de la economía permanecería no afectada. Gracias a las lecciones que aprendimos en la Gran Depresión, se incorporaron salvaguardas en la ley que impedirían que volviera a suceder de nuevo algo tan devastador.

Sin embargo, tras décadas de un crecimiento relativamente regular y lento pero firme, la gente comenzó a creer que éramos tan sabios que no podíamos repetir los errores del pasado. En 1972, con la esperanza de arrancar una economía terca, Richard Nixon sacó a los Estados Unidos del estándar del oro, lo cual le dio un rápido empujón en las votaciones y la reelección de 1972 en la victoria más aplastante de todos los tiempos, pero que al final abrió la puerta al estancamiento y subida de la inflación que sacudió la nación en las décadas siguientes.

En la década de 1980, con la esperanza de activar la economía, la administración Reagan liberó las regulaciones de Wall Street y la banca. Como resultado, los Estados Unidos experimentaron el mayor descenso en un día en la historia del mercado de valores el Lunes Negro de 1988, y de los ahorros y escándalos de los préstamos que saquearon los ahorros de muchos estadounidenses. Las tuercas de las ruedas que Reagan aflojó, Bill Clinton prácticamente llegó a quitarlas y George W. Bush no hizo nada para corregir la situación. Como resultado, experimentamos la burbuja de la Internet de finales de 1990 y la eventual recesión de 2008, con cada una de ellas eclipsando a la anterior. En los meses anteriores al desplome de 2008, la industria de inversión bancaria había alcanzado el nivel de ser responsable del 41 por ciento de los beneficios empresariales de los Estados Unidos; una industria que no fabricaba automóviles, refrigeradores o tan siquiera tanques y aviones de guerra, sino que cambiaba promesas en papel. Cuando esas promesas resultaron no tener valor alguno, el fondo se desprendió, y para salvar la economía el gobierno pagó la factura en concepto de billones de dólares. Un tsunami de desempleo comenzó a rodear el planeta, barriendo los sueldos de millones de personas, pero los inversionistas bancarios de Wall Street, precisamente los responsables de la catástrofe, siguieron teniendo intactas sus bonificaciones de siete cifras. Algunos, claro está, perdieron sus trabajos, algo que les aportó millones de nuevo en paquetes de indemnizaciones, y salieron de la inversión bancaria y se metieron en cosas como la enseñanza en la universidad y aconsejar al presidente Obama sobre política económica.

No tengo espacio ni realmente el trasfondo para entrar aquí en todo eso más a fondo, pero lo cierto es que, salvo por un gran influjo de dinero líquido del gobierno, realmente no ha cambiado nada en la industria de inversión bancaria. Las leyes no han cambiado, el Congreso ha tenido que extender el techo de la deuda repetidas veces para estar a la altura de sus gastos, y hay más división y retórica divisiva en Capitol Hill de lo que cualquiera de nosotros hayamos experimentado en toda nuestra vida. El mundo se dirige hacia otra burbuja si las cosas no cambian pronto, y esta vez la economía no tendrá las reservas para recuperarse. En lugar de bancos, serán los gobiernos los que sufrirán el colapso. Podría ser algo que podremos prolongar más allá de nuestros días, pero también podría ser algo que ocurriera en tan solo unos cuantos años.

Al margen de ello, este es el momento de que aprendamos maneras revolucionarias de vivir basadas en nuevas maneras revolucionarias de interactuar con el dinero. La Biblia nos dice: "Y el que toma prestado es siervo del que presta" (Proverbios 22:7), y Jesús nos dijo: "No podéis servir a Dios y a las riquezas" (Mateo 6:24). Debemos orar y decidir: ¿Seremos los amos de nuestro dinero, o el dinero será nuestro amo? En esta decisión reside la economía del Reino de Dios contrariamente a estar sujetos al reino de este mundo.

SOLO POR LA ORACIÓN

En mi libro *Como un guerrero ora* vimos brevemente la vida de George Müller y la forma tan revolucionaria en la que financió su ministerio con los huérfanos a finales del siglo XIX. Desde que comenzó su ministerio, decidió tomar la postura de no pedir nunca dinero a nadie, no hacer un llamado a ofrendar cuando hablase y no pasar nunca la cesta de la ofrenda en una reunión. Lo que haría sería pedirle a Dios que supliera sus necesidades y las de aquellos a los que Dios le llamó. Al final de su vida, George tenía un ministerio que albergaba, vestía y alimentaba diariamente a más de dos mil huérfanos sin que George pidiera nunca dinero a nadie excepto a Dios. Si algo así le puede ocurrir a una persona sin estudios formales a mitad del siglo XIX, que al final de su vida se ocupó de más de diez mil huérfanos y educó a más de ciento veinte mil niños, ciertamente nosotros en el siglo XXI podemos aprender a relacionarnos con el dinero de formas radicalmente distintas, si tan solo aprendiéramos a orar en fe como hizo Müller.

Por supuesto, ese tipo de paradigma que sacudiría el mundo no se establece de la noche a la mañana; pero si aplicamos sistemáticamente los principios de oración que vimos en la serie de libros *El arte de la guerra*, entonces acudir a Dios confiando en que suplirá nuestras necesidades no debería ser algo difícil. Aunque no creo que tengamos que ser tan extremistas como George Müller, su ejemplo es una lección brillante de lo que es posible solo por medio de la oración. Debemos tomar esos principios y aplicarlos a la crisis que estamos viviendo, y quizá no sea ayudando a huérfanos, pero es probable que nos demande algún tipo de componente económico, ya sea en nuestra propia casa, en la empresa donde usted trabaja, en su iglesia, en la organización sin ánimo de lucro donde es voluntario o en la empresa que posee o el negocio que está a punto de lanzar. Entender cómo usar el dinero, cómo hacer que sea su siervo, probablemente será crucial para el éxito de su iniciativa, independientemente de la que sea, mientras que el hecho de dejar que crezca y que le controle podría hacer volcar el sueño que Dios le ha dado.

Hay tanto material disponible sobre la sabiduría financiera buena y bíblica de personas como Larry Burkett y Dave Ramsey que le animo a usar los recursos que ellos tienen disponibles como un buen lugar para comenzar. Escuche los programas de Dave Ramsey o sus podcasts de manera regular para entrenar su mente a fin de pensar bíblicamente en el aspecto de las finanzas. Aprenda a disciplinar sus hábitos personales de gasto y construya hábitos según su consejo y el libro de los Proverbios. Aprenda a ver el dinero como una herramienta y no como una recompensa. Que la verdad transforme su manera de manejar el dinero hasta el punto de que su trabajo no sea tanto un medio para pagar sus facturas sino más bien una expresión del propósito que Dios tiene para su vida. Si no es así, entonces necesitará cambiar su mentalidad o su trabajo. Repito: Dios le guiará si busca su dirección.

Al mismo tiempo, tenemos que aprender a pensar a lo grande. La mentalidad del mundo respecto a la macro y la microeconomía ha formado el lío en el que nos encontramos ahora, y parece haber pocos indicios de que vaya a cambiar sin que se produzcan grandes cambios en las políticas de los Estados Unidos y de la Unión Europea. Pero también necesitamos dueños de empresas que dirijan compañías basadas en finanzas bíblicas, que provean para sus empleados como quien cuida de su bienestar como se cuidaría a sí mismo. Necesitamos innovadores que creen los productos clave que transformen industrias y luego sean una influencia para comunicar una mentalidad de economía del Reino para reemplazar el egoísmo que actualmente está corrompiendo el sistema mundial. Necesitamos personas que expandan el Reino, y no constructores de imperios privados. Alguien tiene que levantarse con esas ideas nuevas, ¿por qué no alguien en el Cuerpo de Cristo? ¿Por qué no usted?

Cuando José finalmente fue liberado de la prisión, no fue su capacidad de interpretar sueños lo que le hizo conseguir el trabajo como primer ministro, sino su sabiduría financiera. Cuando el faraón estaba estupefacto por no saber qué hacer durante los siete años de hambruna, José ya tenía un plan para lo que hacer durante los siete años de abundancia. Si no se comían el excedente en los años buenos y lo almacenaban debidamente, tendrían más que suficiente cuando llegaran los años malos.

Básicamente, lo que José hizo fue comprar un quinto (20/80, la inversa de la teoría de Pareto de 80/20) de todo el grano que tenían durante cada uno de los años de abundancia, cuando nadie echaría en falta el excedente que estaba comprando y los precios eran bajos porque había mucho. Sin embargo, cuando llegara la hambruna y no hubiera grano por ningún sitio, José podría venderlo al precio que quisiera porque tenía el monopolio del grano. Durante los siete años de abundancia, Egipto prosperó porque tenía más que suficiente. José, por el contrario, vivió de manera moderada y usó el dinero extra para comprar más grano.

Entonces, cuando llegó la hambruna, fue momento de vender para José. Durante los siete años de hambre, todas las cosas de valor que se podían comprar, José las cambiaba por grano. Al final de siete años la corona poseía todo en Egipto, incluyendo tierras, animales y personas; todo excepto lo que los sacerdotes poseían porque eran independientes de la corona. José entonces devolvió otra vez la tierra y los animales a los agricultores, estableciendo un sistema mediante el cual la corona siempre recibía provisiones. Dios tiene su propio paquete de estímulos económicos para cada creyente si insistimos en oración para recibirlo.

Los que pueden aprender de la historia de José entienden que al hacer lo contrario del resto de la sociedad en lo económico, a menudo terminarán con riquezas al final. Cuando el dinero es bueno, la mayoría de las personas gastaría, pero José lo ahorró. Cuando todos vendían, José compraba. Después, cuando todos compraban, José vendía. Después de catorce años, lo cual es poco tiempo en toda una vida, José pasó de no tener nada salvo ropa en su mochila a controlar casi todo Egipto. Si le añade a esto un espíritu caritativo, imagínese el bien que él pudo hacer repentinamente. Como ocurrió, su ingenuidad salvó a todo Oriente Medio de morir de hambre. Fue una hazaña, incluso solamente en ese aspecto.

En la locura financiera que formó la burbuja inmobiliaria, los bancos que ahorraron y se apartaron de la locura de comprar y vender derivadas, ahora poseen la mayoría de los bancos que estaban a mitad de camino de causar la crisis. Si usted tenía dinero para comprar una casa en 2009, habría conseguido casi el doble de la casa con su dinero que a comienzos de 2008. Los que son pacientes, los que entienden los ciclos de subida y bajada de cualquier economía, y los que usan la sabiduría como hizo José prosperarán de maneras inesperadas; y cuando lo hagan, tendrán mucho poder para hacer el bien.

¿QUIÉN NECESITA DINERO?

Cuando miramos la profecía, aprendemos que algún día en el futuro se oirá el siguiente clamor en los mercados del mundo:

> Dos libras de trigo por un denario [el salario de un día], y seis libras de cebada por un denario; pero no dañes el aceite ni el vino.
>
> —Apocalipsis 6:6

Según los valores de hoy, eso significaría que dos libras de trigo o seis libras de cebada costarían unos doscientos cuarenta dólares. El aceite y el vino serían tan caros, que los vendedores les dirían a los clientes comunes que no se acercaran a ellos para que no sufrieran daño alguno. Esto solo podría describir un periodo como el que experimentó Alemania después de la Primera Guerra Mundial.

Tras perder la Primera Guerra Mundial y quedar atascado por tener que pagar los gastos de otras naciones europeas por haber participado en ella, el gobierno alemán tuvo la brillante idea de que la manera de librarse de los problemas era imprimir dinero que necesitaban para pagar sus facturas y salarios. Con los otros países europeos demandando que pagaran la deuda producida por la guerra en equivalentes a oro, Alemania se volvió loca intentando estimular su economía gastando dinero nuevo. El efecto fue mínimo al principio, pero en 1923, cuando la gente tuvo que vaciar sus cuentas bancarias para estar al día y todo el dinero disponible inundó los mercados, Alemania experimentó una hiperinflación. El marco alemán literalmente perdía cada mes la mitad de su valor. A comienzos de 1923, el marco estaba aproximadamente a 18 000 con respecto al dólar (en junio de 1921, un dólar costaba 60 marcos), pero a finales de año ¡se necesitaban 4.200 millones de marcos para comprar un dólar! La gente llevaba el dinero en carretillas para comprar pan. Otros quemaban fajos de marcos para calentar sus hogares porque era más barato que intentar comprar leña. El populacho iba a las granjas y mataba animales allí mismo para conseguir comida para alimentar a sus familias. Fue un periodo de gran inquietud, y la amargura que se generó durante esos tiempos fue exactamente lo que necesitaba el partido nacional socialista (Nazi) para llegar al poder. Jugando al juego de la culpa política, los nazis convirtieron el prejuicio y el resentimiento en votos, y después convirtieron ese poder en un intento de genocidio y una guerra mundial.

No creo que nada de lo que vayamos a ver en los últimos tiempos sea algo que no hayamos visto ya en la historia. Jesús describió las señales de los últimos tiempos como "principio de dolores" (Mateo 24:8), queriendo decir que comenzarán de forma lenta y peculiar, y luego aumentarán en tiempo e intensidad a medida que se acerque el momento del cumplimiento. Creo que estamos viendo eso en la economía. Nos estamos dirigiendo a ese día en el que una barra de pan se venderá por cientos de dólares y la mayoría de los bienes comunes serán tan caros que nadie salvo los ricos más ricos podrán comprarlos.

Aunque espero que en ese entonces ya estaremos con Jesús disfrutando de las cenas del Cordero, podría ser que llegáramos a ver el día en el que el dinero ya no tenga ningún valor. En ese día, las personas de fe que puedan recibir de Dios mediante la oración tendrán mucho valor. Dios alimentó a Israel en el desierto con maná y codornices (Éxodo 16) y los cuervos le llevaban la comida a Elías (1 Reyes 17:6). Si tenemos fe en Dios, ¿realmente tenemos que depender del dinero? A mí me parece que necesitamos ser un poco más abiertos de mente. Si queremos confiar plenamente en Dios para que supla nuestras necesidades, tenemos que pedirlo directamente y no caer en la trampa de que la única respuesta es más dinero.

Para los que pertenecen a Dios, el futuro está lleno de promesas. Si vivimos en un tiempo donde abunda el pecado, tenemos la promesa de que la gracia de Dios, su maravilloso poder que llena todo lo que nos falte, abundará en mayor medida aún. Si el mundo existe en un tiempo de catástrofe, entonces viviremos en un tiempo de milagros. El avivamiento que estamos a punto de experimentar antes de la semana de la Tribulación será asombroso. Y es muy probable que seamos parte de él.

Para tener éxito en un tiempo así, debemos ser personas de fe que han sido entrenadas en la oración y ven a Dios como la fuente de todos sus recursos. No habrá margen alguno para volver atrás y crear años de experiencia buscando y oyendo a Dios. Necesitaremos haberlo hecho ya. Tenemos que ejercitar nuestra fe cada día, incluso aunque sea para una plaza de estacionamiento. La Biblia nos dice que "el justo por la fe vivirá" (Romanos 1:17). No dice "por el dinero" o "por tener el mejor trabajo", sino "por la fe". Debemos cultivar ese tipo de fe para el diario vivir, y la mejor manera de hacerlo es estando constantemente en oración y confiando en que Dios nos dé la respuesta, incluso cuando estén a nuestra disposición medios naturales más fáciles. Fue una fe que George Müller nos mostró que era posible. ¡Estemos abiertos a la misma provisión radical a la que él estaba!

OCHO

AL COMPÁS DEL ESPÍRITU

*El poder de la integridad de arriba a
abajo en cada aspecto de la vida*

La oración en este nombre [Jesús] recibe respuestas. Los moravos
oraron, y el mayor avivamiento hasta ese tiempo sacudió el
mundo. Finney oró, y América se estremeció con el poder.
Hudson Taylor oró, y nació la Misión al Interior de la China.
Evan Roberts oró siete años, y se produjo el avivamiento galés...
Seymour [de Azusa] oró cinco horas al día durante tres años y
medio. Oró siete horas al día durante otros dos años y medio
más. El fuego del cielo cayó sobre el mundo, y se produjo el
avivamiento más extenso de verdadera religión en este siglo.[1]

—John G. Lake

Charles Colson era conocido como el "sicario" de Richard
Nixon. Eso significaba que si había que hacer algo, al
margen de la naturaleza de su ética, Colson era el hombre que
se encargaba de eso se realizara. Si se necesitaba información
interna para implicar al otro partido a fin de ganar las elec-
ciones, no había problema. Era cuestión de pedirle a Colson
que lo hiciera, y no preguntar por ninguno de los detalles. La
negación plausible es siempre lo mejor para un presidente. A
fin de cuentas, se necesita poder para ayudar a otras personas,
¿verdad? Entonces ¿qué tiene de malo tomar algunos atajos
para conseguirlo?

El problema es que lo malo es malo, y que el fin no justifica los medios. Cuando Colson ayudó a Richard Nixon a recuperar la presidencia en 1972, debió de haber sido lo más alto de su carrera, pero no lo fue. A pesar de recibir las gracias del presidente de los Estados Unidos de América por su fiel servicio, Charles Colson se sentía vacío por dentro. No necesitaba poder, dinero y notoriedad, sino a Jesús.

La historia de Chuck Colson es la historia de un Pablo en tiempos modernos. Chuck conoció a Jesús mientras trabajaba en el departamento de "asuntos turbios" para Richard Nixon, y fue entonces cuando se dio cuenta de que todo tenía que cambiar. Ya no habría más mentiras. No habría que evitar la cárcel, aunque nunca realmente presentaron cargos contra él con respecto a todo lo relacionado con el escándalo Watergate. Cuando se le acusó de obstrucción a la justicia en un caso que no estaba relacionado, Colson se declaró culpable y fue sentenciado a de uno a tres años de prisión. Terminó cumpliendo siete meses y salió por buena conducta. Cuando la mayoría habría dejado el incidente atrás y habría seguido adelante con su vida, Chuck Colson hizo de ello el quid definitivo para el resto de su vida; comenzó un ministerio para los encarcelados: Prison Fellowship, que ahora está en 112 países por todo el mundo. Todo lo recaudado con los veintitrés libros que escribió durante los años desde entonces, algunos de los cuales han sido éxitos de ventas, se ha destinado a apoyar Prison Fellowship.

Charles Colson pasó de ser un sicario que ayudó a situar a un presidente en su puesto, a estar preso, y luego a ser uno de los oradores más prominentes sobre cómo vivir la vida de manera cristiana que los siglos XX y XXI hayan conocido jamás. Cuando Charles conoció a Jesús en sus días más oscuros, le prometió que viviría para la verdad a partir de ese día, sin importar lo que le costase. Esa integridad ha tocado literalmente a una generación. Chuck Colson trabajó en el edificio más influyente del mundo, pero no encontró su verdadera influencia hasta que le dio la espalda a eso y prometió a Dios entregarle su vida. Su libro *Born Again* (Nacido de nuevo), cuenta la historia franca y honesta de lo que cambió su vida y, como consecuencia, las vidas de muchos otros después. Mientras escribo esto, el Sr. Colson acaba de fallecer a la edad de ochenta años, después de treinta y ocho años en el ministerio. El legado que deja continuará tocando vidas en el futuro.

¿Cuál es el poder de la integridad? Si no lo ve en la vida de Charles Colson, entonces véalo en la vida de Daniel. Daniel se consagró a Dios cuando era adolescente y rehusó comer las comidas de la mesa del rey para honrar su herencia kosher. Comiendo únicamente verduras, Dios hizo que él y sus tres amigos Sadrac, Mesac y Abednego, brillaran por encima del resto. Daniel oraba tres veces al día mirando hacia donde había estado su ciudad de Jerusalén y rehusó honrar a ningún otro Dios salvo a Jehová. Por su dedicación a la oración y búsqueda de Dios, cuando nadie más en el reino pudo descifrar el sueño del rey, Daniel sí pudo hacerlo. Daniel es el único hombre mencionado en la Biblia de quien no se dice nada negativo, aparte de Jesús. Su notoriedad por su dedicación a Dios y su integridad fueron tan famosas entre los demás judíos que su contemporáneo Ezequiel, que era algunos años mayor que Daniel, comparó la autoridad de Daniel con Dios en la oración con la de Noé y Job:

> Y estuviesen en medio de ella Noé, Daniel y Job, vivo yo, dice Jehová el Señor, no librarían a hijo ni a hija; ellos por su justicia librarían solamente sus propias vidas.
> —Ezequiel 14:20

Lo destacado de este versículo es que mientras que Noé y Job habían sido héroes de la fe durante generaciones, Daniel tenía solo unos treinta años cuando se escribió esto, años antes de su experiencia en el foso de los leones. La integridad de Daniel era tan grande, que se le menciona entre algunas de las mayores leyendas de la fe cuando aún era un hombre relativamente joven.

¿Cuál fue la recompensa de tal integridad? Como ya hemos discutido, Dios reveló a Daniel algunas de las profecías más importantes y fundamentales para el futuro del judaísmo. Daniel fue el mayor de los profetas del Antiguo Testamento, al margen del hecho de que trabajó en el gobierno de un poder conquistador durante toda su vida. Sin embargo, no fue un colaborador. El pueblo judío nunca dudó de cuál era su verdadera lealtad, y los reyes conquistadores le valoraron mucho más por su devoción a su Dios.

Incluso cuando parecía que su vida estaba al límite por sus hábitos de oración, él rehusó apartarse de ellos. En lugar de hacer que se cuestionase dónde estaba su verdadera lealtad, abrió las ventanas de su cuarto de oración de par en par para que todos pudieran verle presentando sus peticiones delante de Dios en lugar del rey Darío. Cuando le llevaron ante el rey, dijo toda la verdad y nada más que la verdad. Entonces, cuando fue echado a los leones, Dios intervino y le protegió, algo que no ocurrió cuando sus acusadores recibieron la misma sentencia. Daniel tuvo una integridad como ninguna otra persona mencionada en la Biblia salvo Jesús, y su liberación y favor con Dios por ello tampoco tuvo igual.

Lo que hace el mal nunca perdura. Lo que edifica la integridad permanece para siempre.

La verdad siempre llega a lo más alto

Aunque asociamos la palabra *integridad* con la honestidad, el carácter y una firme adherencia a un código de ética moral, también se usa como una medida de uniformidad y pureza. Hablamos acerca de la integridad del acero como una medida de su fortaleza o de la integridad de una muestra tomada de algo para ver lo fiable que es. Hablamos sobre la integridad de una estructura cuando probamos su firmeza y elasticidad. Creo que todo esto se aplica también cuando hablamos de tener integridad ante Dios.

No importa lo bueno que usted parezca ante las personas de su iglesia o en su trabajo. No importa la reputación que tenga en su comunidad o si tiene una pequeña fortuna en el banco. No importa si acude a cada reunión de oración y se pasa las 24 horas de una vigilia de oración en su iglesia postrado ante Dios y llorando. La única manera de tener una verdadera integridad es tener integridad en su tiempo de oración personal con Dios. No se trata de que otros le vean o de lo que otros piensen; se trata de lo que Dios piensa y de cuánto Él le confía lo que está haciendo en la tierra. Cuando algo está a punto de suceder, ¿en quién puede confiar Dios para contárselo a fin de que ore? ¿A quién acudirá Dios para que esté en la brecha por ese misionero, esa comunidad a la que está a punto de golpear un tornado, ese pastor que está pensando en el divorcio, o ese niño que está a punto de ser víctima de la violencia de bandas?

Como lo dijo Jesús:

> Y cuando ores, no seas como los hipócritas; porque ellos aman el orar en pie en las sinagogas y en las esquinas de las calles, para ser vistos de los hombres; de cierto os digo que ya tienen su recompensa. Mas tú, cuando ores, entra en tu aposento, y cerrada la puerta, ora a tu Padre que está en secreto; y tu Padre que ve en lo secreto te recompensará en público. Y orando, no uséis vanas repeticiones, como los gentiles, que piensan que por su palabrería serán oídos.
>
> —Mateo 6:5–7

Ahora bien, no estoy hablando mal de las salas de oración que están siempre abiertas, creo que son increíbles y que necesitamos más de ellas por todo el mundo; pero si su único lugar de oración es delante de otras personas, entonces tengo que poner en duda su devoción a la oración y la integridad de su relación con Dios. Si Jesús es nuestro *Señor* y Salvador, ¿cómo es posible que hagamos cualquier cosa durante ese día sin primero hablar con Él?

Si lee las historias de los grandes generales de la oración del pasado, comenzará a ver algunos patrones. Uno de los más importantes es que ellos no metían la oración en su agenda de actividades y discursos; metían sus actividades y discursos en torno a sus tiempos de oración. Como defiende Stephen Covey, tiene usted que poner las "piedras grandes", las cosas más importantes de su vida, primero en su calendario, o todas las pequeñas distracciones y asuntos "urgentes" de su día no le dejarán tiempo para hacer lo importante. La oración, o dicho de manera más simple aún, "encontrarnos con nuestro Señor", debe ser lo primero en todo lo que hacemos si queremos conocer su plan, ser libres de las cargas mundanas y terrenales, y tener su sabiduría en cada asunto. Y no estoy hablando de dedicar un minuto aquí y otro allá, sino de un tiempo honesto a solas con Dios con su Biblia abierta delante de usted.

No obstante, cómo sea ese tiempo depende de usted y Dios. Si tiene acceso a una sala de oración constantemente abierta en su iglesia o su comunidad, haga todo lo posible por pasar parte de su tiempo orando colectivamente con otras personas. Hay miles de rutinas distintas que puede hacer. Daniel oraba tres veces al día. Usted puede practicar algo como "oraciones a las 7", donde usted se detiene para orar a las 7:00 de la mañana y luego a las 7:00 de la tarde. Algunos sienten de deben "diezmar su tiempo" del mismo modo en que diezman su ingreso, así que pasan dos horas y veinticuatro minutos en oración cada día y leyendo las Escrituras. Al mismo tiempo,

Smith Wigglesworth solía burlarse de la gente que oraba más de veinte minutos cada vez, pero después, cuando pensó en ello, observó que nunca pasaban más de veinte minutos sin haber orado.

El apóstol Pablo nos aconsejó "orar sin cesar" (1 Tesalonicenses 5:17) y "gozosos en la esperanza; sufridos en la tribulación; constantes en la oración" (Romanos 12:12). Esto parece sugerir que mantenemos un diálogo constante con Dios y que el mejor momento para orar por algo es el "instante" en que se nos presenta la necesidad. Creo que esto también sugiere que tenemos que evitar el cristianismo de "estaré orando por ti", y reemplazarlo por "oremos ahora mismo".

No estoy intentado poner sobre usted carga alguna con un pronunciamiento legalista sobre cuánto tiempo o con qué frecuencia debería orar cada día. Yo me pasé años luchando por poner la oración en su lugar en mi vida, y aún tengo días que tratan de impedirlo. Lo que estoy diciendo es que a menos que hagamos de ello una prioridad, nunca descargaremos las cosas del cielo que necesitamos para cumplir nuestros propósitos en la tierra. Eso probablemente se traduce, como me ocurrió a mí, en pasar mucho tiempo al borde de la eternidad clamando a lo que me parecía ser un vacío, golpear la puerta del cielo y sentir que no hay nadie en casa. Pero la manera en que parecen ser las cosas y la manera en que realmente son, son dos cosas distintas. Un versículo nos dice:

> Como tú no sabes cuál es el camino del viento, o cómo crecen los huesos en el vientre de la mujer encinta, así ignoras la obra de Dios, el cual hace todas las cosas.
>
> —Eclesiastés 11:5

En otras palabras, cuando usted planta una semilla en la tierra, no sabe lo que está ocurriendo con ella hasta que asoma por la tierra. Habrá días e incluso semanas en las que podría usted pensar que no está ocurriendo nada en absoluto, pero está creciendo y brotando, y preparándose para dar fruto. Ocurre lo mismo con la oración. Lo que hacemos en secreto quizá sea secreto incluso para nosotros durante algún tiempo, pero cuando se manifieste y brote, Dios será glorificado en ello ante todos los hombres.

Cuando nos sentemos en la ceremonia de premios de las bodas del Cordero, nos sorprenderemos de que los mejores premios no vayan a los teleevangelistas y ministerios con grandes nombres que todos conocemos y queremos oír. Serán para la viuda que entraba en su cuarto a orar cada noche para que se plantara una iglesia o para el conserje desconocido que imponía sus manos sobre las taquillas y pupitres de cada niño, orando para que cayera una bendición sobre cualquiera que lo utilizara. Los héroes de Dios no son como nuestros héroes: son los que se parecen más a Jesús. Y ¿qué hace Jesús ahora mismo? Está a la diestra del Padre intercediendo por nosotros. Si queremos ser como Él, entonces la oración debe ser el principal enfoque de nuestras vidas, así como es el principal enfoque de Él ahora.

Todo lo perteneciente a la vida y la piedad

En su segunda carta a la iglesia en general, Pedro escribió:

> Gracia y paz os sean multiplicadas, en el conocimiento de Dios y de nuestro Señor Jesús. Como todas las cosas que pertenecen a la vida y a la piedad nos han sido dadas por su divino poder, mediante el conocimiento de aquel que nos llamó por su gloria y excelencia, por medio de las cuales nos ha dado preciosas y grandísimas promesas, para que por ellas llegaseis a ser participantes de la naturaleza divina,

habiendo huido de la corrupción que hay en el mundo a causa de la concupiscencia.

—2 Pedro 1:2–4

Las palabras de Pedro aquí se hacen eco del propósito y las peticiones de la primera oración de Pablo en el libro de Efesios. Mediante el conocimiento de Dios recibiremos todo lo que necesitamos para la vida y la piedad. O en otras palabras, ser más como Jesús; traer más del Reino de los cielos a esta tierra; luchar por la misma justicia por la que han peleado los cristianos a lo largo de la historia para establecer a cada generación. Tenemos unas promesas mucho mayores y más preciosas que nos han sido dadas para que podamos vivir mediante la naturaleza divina que Dios ha puesto en todo aquel que cree que Jesús murió por sus pecados y que resucitó de nuevo a la vida, para que vivamos mediante la plenitud del Espíritu Santo derramado en nosotros como un anticipo de todo lo que Dios piensa hacer en nosotros, a través de nosotros y para nosotros. (Véase Efesios 1:13–14).

¿Cómo se producirá todo eso? Para entenderlo, necesitamos leer más lo que Pedro escribió en este pasaje:

Vosotros también, poniendo toda diligencia por esto mismo, añadid a vuestra fe virtud; a la virtud, conocimiento; al conocimiento, dominio propio; al dominio propio, paciencia; a la paciencia, piedad; a la piedad, afecto fraternal; y al afecto fraternal, amor. Porque si estas cosas están en vosotros, y abundan, no os dejarán estar ociosos ni sin fruto en cuanto al conocimiento de nuestro Señor Jesucristo. Pero el que no tiene estas cosas tiene la vista muy corta; es ciego, habiendo olvidado la purificación de sus antiguos pecados. Por lo cual, hermanos, tanto más procurad hacer firme vuestra vocación y elección; porque haciendo estas cosas, no caeréis jamás. Porque de esta manera os será otorgada amplia y generosa entrada en el reino eterno de nuestro Señor y Salvador Jesucristo.

—2 Pedro 1:5–11

¿Le gustarían no tropezar nunca en el llamado de Dios para su vida? Pedro nos da aquí la clave: añada a su fe, virtud (fuerza moral), añada a la virtud, conocimiento de Dios en sus áreas de estudio y en sus ocupaciones, añada al conocimiento, dominio propio, añada al dominio propio, paciencia, añada a la paciencia piedad nacida del amor fraternal y añada al amor fraternal, amor, el amor de Dios que nunca abandona, nunca cede, nunca vacila y nunca falla. (Véase 1 Corintios 13:4–8).

Para que podamos vivir este tipo de vida, la oración debe estar en el centro de todo lo que hagamos, porque todo eso nace de la oración. Cuando el Reino del cielo y el reino de este mundo entran en conflicto, serán quienes hayan escuchado del cielo los que darán las estrategias para la victoria. Serán aquellos que tengan una vida de oración más íntegra, pura, honesta, firme, fuerte, intachable y firme los que se levanten con respuestas y la convicción para ver cómo termina la lucha.

Fortalézcase en el poder de la oración. Fortalézcase en la sabiduría y fuerza de Dios. Sea exactamente quien Dios le ha llamado a ser donde se encuentra hoy día. El futuro del Reino depende de usted. Hay otros ahí fuera, generaciones futuras, que están contando con usted. Dios está contando con usted. Usted es la expresión de Él en la tierra "y lo dio por cabeza sobre todas las cosas a la iglesia, la cual es su cuerpo, la plenitud de Aquel que todo lo llena en todo" (Efesios 1:22–23).

Sea la respuesta que el mundo necesita hoy poniendo la oración en el centro de su calendario y lo primero en su lista de quehaceres. La vida que experimentará entonces será "mucho más abundantemente de lo que pedimos o entendemos" (Efesios 3:20).

PODER ATÓMICO DE LA ORACIÓN

Acepte el desafío de treinta días. Haga esta oración en voz alta diariamente durante treinta días. Reúna a un grupo pequeño o grande de individuos que estén de acuerdo en orar con usted, y hagan el pacto de orar regularmente hasta que vean cambios positivos en sus comunidades y países. Levanten su voz y desaten el poder atómico de la oración.

Querido Dios:

- Me levanto hoy mediante la potente fuerza de tu soberanía, gracia, divinidad y el conocimiento de que nací en esta generación para aportar algo significativo.
- No estoy aquí por accidente.
- Tú me has puesto aquí para cumplir tu propósito.
- Tú me has llamado a ser un líder de primer orden, moral y ético en mi esfera de influencia.
- Me comprometo a llevar tu luz como un agente de cambio en un mundo de oscuridad.
- Nadie tendrá un encuentro conmigo sin ser positivamente impactado.
- Utilizaré de modo responsable los dones que tú me has dado para ser una bendición para mi familia, mi comunidad y mi país.
- Me levanto hoy mediante la fortaleza de Cristo, demostrada por su nacimiento, sepultura, resurrección e intercesión.

- Protégeme hoy contra persecuciones y falsas acusaciones, contra seducción, tentación, compromiso, falsedad, calumnia, avaricia, desaliento, sabotaje, accidentes, amenazas de muerte, percances y manipulaciones, de modo que puedan llegar hasta mí oportunidades de convertirme en una mejor persona.

- Que tu Espíritu esté conmigo, delante de mí, detrás de mí, en mí, debajo de mí, por encima de mí, a mi derecha, a mi izquierda, cuando me siento, cuando me levanto, cuando hablo, en mis tratos de negocios, negociaciones, comunicaciones, al cruzar fronteras y cuando me retiro para ir a dormir.

- Que haya favor en el corazón de cada hombre que piense en mí, se relacione conmigo y trabaje conmigo.

- Que haya verdad en la boca de todo aquel que hable de mí y conmigo.

- Que haya honra y alta estima en todo ojo que me vea.

- Que buenas noticias e informes increíbles de mi éxito y prosperidad llenen los oídos de todo aquel que oiga de mí.

- Según Josué 1:8, Filipenses 4:8 y las leyes que gobiernan logrando una mentalidad condicionada y positiva, apóyame a medida que me comprometo a memorizar y repetir esta declaración en voz alta al menos una vez por día.

- Capacítame para extraer sabiduría de tu Palabra en plena certidumbre de fe y seguridad de que influenciará gradualmente mis pensamientos y mis actos hasta que mi vida personifique la Palabra.

- Ayúdame a mantener un lugar entre los grandes, los poderosos, los influyentes y los acomodados como líder de pensamiento para la gloria de Dios y la mejora de la humanidad.

- Me levanto hoy con fe en que tú oyes y respondes la oración.

Padre:

- Te doy gracias por tu abundante energía y fe sólida como la roca.
- Te doy gracias por darme un sentimiento general de paz, amor, misericordia, favor, y la absoluta seguridad de que tú tienes el control.

Ya que mis tiempos están en tus manos, decreto y declaro que este año:

- Está embarazado de propósito, promesa, encuentros estratégicos, maravillosas sorpresas y victorias sobrenaturales.
- Lo mejor de mis presentes se convertirá en lo peor de mis mañanas.
- El dolor del ayer nunca volverá a aparecer en mi mañana.

Padre:

- Que viva para siempre bajo un cielo abierto.
- Concédeme estrategias para una vida próspera y exitosa.

Ayúdame a:

- Orar más.
- Alabar más.
- Dar más.
- Creer más.
- Esperar más.

Decreto que:

- Mi mente está llena del conocimiento de mi verdadera identidad.
- Estoy capacitado para lograr aquello para lo que nací y para vivir de modo auténtico.
- Llego a ser todo aquello para lo que nací.
- Mi destino está en sincronismo con tu perfecta voluntad.
- Mi visión es clara.
- Mi misión no tiene obstáculos.
- Mis intenciones y motivos son puros.
- Mis relaciones son sanas.
- Todas mis necesidades son suplidas según tus riquezas en gloria.
- Soy una persona de influencia.
- Dejo un legado para la siguiente generación.
- Vivo en un ambiente próspero y sano.
- Tú prosperas las obras de mis manos.
- Todo lo que toque se convertirá en oro profético.
- Mi vida refleja el resplandor de tu gloria y divinidad.
- Mi vida, mi familia y mis amigos son bendecidos con salud y bondad.
- Gozo, paz, prosperidad y éxitos son tan abundantes como las estrellas en la noche.
- Relaciones mutuamente beneficiosas, favor, afluencia, influencia, felicidad, apoyo, belleza, propósito, dirección y vida abundante son mis compañeros constantes.
- Soy incondicionalmente amado, celebrado, respetado, apreciado y honrado más allá de toda medida y toda comprensión humana.
- El fruto y los dones del Espíritu caracterizan mi vida.

- Mi vida está caracterizada por la rectitud y la santidad.
- Marco una diferencia en este mundo.
- Tengo la valentía de practicar mis convicciones y afectar mis esferas de influencia.
- Soy una persona que sacude y hace historia para Cristo.
- Recuerdo mi pasado como testimonio sin el dolor que le acompaña.
- Con la ayuda de Dios, se me otorga progreso cuántico y aceleración divina.

Decreto y declaro:

- Mi buen nombre y mis buenas obras quedarán en la memoria para la gloria de Dios.
- Mis hijos cumplirán su propósito y maximizarán su potencial.
- Ellos tienen favor con Dios y con los hombres.
- Mis creaciones, inventos, productos, bienes y servicios tienen alta demanda globalmente.
- Estoy divinamente posicionado en un lugar que me proporciona una ventaja comparativa y delantera competitiva.
- Mi vida y mi trabajo están caracterizados por la excelencia, la integridad, la credibilidad y la honestidad.
- Mis metas son alcanzables.
- Mis bendiciones, como las estrellas, son demasiado numerosas para contarlas.
- Salud y riqueza caminan conmigo, mano a mano.
- Mis victorias son tan abundantes como la arena del mar.
- Carencia y luchas son recuerdos distantes del pasado.
- Mis enemigos son sometidos.

- Soy fructífero en todas mis empresas.
- Se me otorgan múltiples canales de ingresos.
- Navego por esos canales con una unción que me da inteligencia empresarial.
- Abundante riqueza es transferida a mis manos y mis fondos financieros, la cual incluye títulos de propiedad de bienes raíces comerciales y propiedades de primera clase.
- Mis ingresos son mayores que mis gastos.
- Tengo los ingresos de bienes para pagar los impuestos y aranceles de mi gobierno.
- Como persona humanitaria, tengo más que suficiente para dar a quienes nunca pueden devolverme el favor.
- Doy un diez por ciento de mis ganancias a Dios para que no haya carencia en su casa.
- También doy a organizaciones de beneficencia y sin ánimo de lucro cuyo enfoque está en ayudar a los menos afortunados, los huérfanos, viudos, indigentes, sin techo, destituidos y desamparados.
- Mis cuentas bancarias están llenas.
- Mi cartera nunca se queda vacía.
- Diariamente, intereses compuestos favorecen mis inversiones.
- Mis redes e ingresos aumentan profundamente.
- Tengo recursos.
- Todo lo que necesito está a mi disposición del modo y en el momento en que es necesario.
- Bendiciones llegan sobre mí y me alcanzan.
- Mi éxito confunde a mis críticos y abruma a mis enemigos.
- Mi éxito les convence de que Jehová Dios es el Dios vivo y verdadero.

- Dios libera acompañantes angélicos divinos para que me lideren con seguridad a un buen lugar donde las líneas de la convicción son trazadas en las arenas de la ética y la moralidad.

Decreto y declaro:
- Mi cabeza nunca tendrá falta de aceite fresco.
- Mis oídos estarán llenos siempre de buenas noticias.
- Mi boca está llena de alabanza espontánea.
- Mis manos nunca carecerán de productividad.
- Mi mente está llena de ideas millonarias y de invenciones millonarias que afectan positivamente la trayectoria de la humanidad.
- Mi espíritu está lleno de la abundante y divina presencia de Dios.
- Mi alma está llena de gozo y paz.
- Mi corazón está lleno de valentía.
- Mis pies están libres de obstrucciones.
- La luz de la Palabra de Dios ilumina mi camino.
- Según sus principios recorro nuevos senderos y desafío el statu quo.
- Por ella descubro nuevos horizontes dentro de mi disciplina, industria, profesión y campo escogido.
- Abundante riqueza, música y risas llenan mi casa.
- Todas mis acciones y actividades están sincronizadas y sincopadas con el ritmo del cielo.
- Vivo mi vida con integridad, moralidad y credibilidad.
- Conduzco mis negocios y asuntos financieros con ética.

Decreto y declaro que:
- Mi barrio y comunidad son libres de violencia y de actividades delictivas, y que toda obra malvada es mitigada y destruida.

- Los climas espiritual, económico, social y político cambian y dan un giro para mejor.
- La atmósfera en mi comunidad y mi país está llena de la gloria de Dios, una atmósfera que conduce a que prosperen negocios, ministerios, agencias, instituciones, sistemas educativos y políticos, relaciones, seres queridos, negocios e ideas.
- Mi país está caracterizado por una cultura de capacitación.

Padre:

- Sana nuestra tierra de inquietud civil, limpieza étnica, tráfico de seres humanos, revocaciones ilegales, pandemias, falta de vivienda, analfabetismo y toda obra malvada.
- Haz que las mareas económicas y financieras cambien en favor nuestro.
- Aumenta nuestro PIB y PNB.

Decreto y declaro que:

- Los planes y propósitos de Dios prevalecen en nuestras comunidades y países.
- Nuestro liderazgo, jefes de Estado, líderes de gobierno, funcionarios civiles, quienes toman decisiones y líderes políticos/morales son bendecidos y libres de corrupción.

Padre:

- Aparta a quienes están impulsados por motivaciones y aspiraciones egoístas, y sustitúyelos por los verdaderos y auténticos siervos-líderes.

Decreto y declaro que:
- Experimentamos aumento sobrenatural.
- Aceptamos la riqueza verdadera de naciones.
- Nuestras comunidades y países experimentan crecimiento económico, restauración, productividad, salud y esperanza.
- Nuestras instituciones, gobierno, comunidades y empresas están llenas de liderazgo moral, ético y visionario.
- Como miembro que contribuye a nuestro pueblo global, me comprometo a hacer mi parte levantándome y adoptando una postura en contra de la violencia, las actividades delictivas, las violaciones de los derechos humanos y la injusticia social y/o me uno a otros para mitigar, aliviar y erradicar lo mismo.

Padre:
- Muéstrame la causa que soy asignado a defender.
- Dame la valentía para reunir a otros en torno a metas plausibles para la edificación de la nación, reconstrucción social, desarrollo comunitario, renovación espiritual, capacitación económica, decisiones políticas, otorgamiento de derechos y reforma educativa.

Decreto que:
- Como ciudadanos responsables, seguiremos elevando el listón y presionando con respecto a cumplir nuestros contratos espirituales y sociales con el mundo y sus comunidades.
- Si tengo una deuda con la sociedad, la pagaré.

Padre:
- Permítenos vivir fieles a nuestros valores fundamentales y los cristianos principios de Cristo en el mercado.

Decreto y declaro:
- Soy cabeza y no cola.
- Que para siempre seré primero y no último.
- Que para siempre estaré por encima y no por debajo.
- Viviré una vida humilde de gratitud y acción de gracias sabiendo que Aquel que comenzó esta buena obra la terminará.

Sello esta oración en el nombre de Jesús. Amén.

VERSÍCULOS "EN CRISTO"

Siendo justificados gratuitamente por su gracia, mediante la redención que es en Cristo Jesús.

—Romanos 3:24

Ahora, pues, ninguna condenación hay para los que están en Cristo Jesús, los que no andan conforme a la carne, sino conforme al Espíritu.

—Romanos 8:1

Porque la ley del Espíritu de vida en Cristo Jesús me ha librado de la ley del pecado y de la muerte.

—Romanos 8:2

Por lo cual estoy seguro de que ni la muerte, ni la vida, ni ángeles, ni principados, ni potestades, ni lo presente, ni lo por venir, ni lo alto, ni lo profundo, ni ninguna otra cosa creada nos podrá separar del amor de Dios, que es en Cristo Jesús Señor nuestro.

—Romanos 8:38-39

Así nosotros, siendo muchos, somos un cuerpo en Cristo, y todos miembros los unos de los otros.

—Romanos 12:5

A la iglesia de Dios que está en Corinto, a los santificados en Cristo Jesús, llamados a ser santos con todos los que en cualquier lugar invocan el nombre de nuestro Señor Jesucristo, Señor de ellos y nuestro.

—1 Corintios 1:2

Mas por él estáis vosotros en Cristo Jesús, el cual nos ha sido hecho por Dios sabiduría, justificación, santificación y redención.

—1 Corintios 1:30

Porque así como en Adán todos mueren, también en Cristo todos serán vivificados.

—1 Corintios 15:22

Y el que nos confirma con vosotros en Cristo, y el que nos ungió, es Dios.

—2 Corintios 1:21

Mas a Dios gracias, el cual nos lleva siempre en triunfo en Cristo Jesús, y por medio de nosotros manifiesta en todo lugar el olor de su conocimiento.

—2 Corintios 2:14

Pero el entendimiento de ellos se embotó; porque hasta el día de hoy, cuando leen el antiguo pacto, les queda el mismo velo no descubierto, el cual por Cristo es quitado.

—2 Corintios 3:14

De modo que si alguno está en Cristo, nueva criatura es; las cosas viejas pasaron; he aquí todas son hechas nuevas.

—2 Corintios 5:17

Que Dios estaba en Cristo reconciliando consigo al mundo, no tomándoles en cuenta a los hombres sus pecados, y nos encargó a nosotros la palabra de la reconciliación.

—2 Corintios 5:19

Pero temo que como la serpiente con su astucia engañó a Eva, vuestros sentidos sean de alguna manera extraviados de la sincera fidelidad a Cristo.

—2 Corintios 11:3

Y esto a pesar de los falsos hermanos introducidos a escondidas, que entraban para espiar nuestra libertad que tenemos en Cristo Jesús, para reducirnos a esclavitud.

—Gálatas 2:4

Esto, pues, digo: El pacto previamente ratificado por Dios para con Cristo, la ley que vino cuatrocientos treinta años después, no lo abroga, para invalidar la promesa.

—Gálatas 3:17

Pues todos sois hijos de Dios por la fe en Cristo Jesús.

—Gálatas 3:26

Ya no hay judío ni griego; no hay esclavo ni libre; no hay varón ni mujer; porque todos vosotros sois uno en Cristo Jesús.

—Gálatas 3:28

Porque en Cristo Jesús ni la circuncisión vale algo, ni la incircuncisión, sino la fe que obra por el amor.

—Gálatas 5:6

Porque en Cristo Jesús ni la circuncisión vale nada, ni la incircuncisión, sino una nueva creación.

—Gálatas 6:15

Bendito sea el Dios y Padre de nuestro Señor Jesucristo, que nos bendijo con toda bendición espiritual en los lugares celestiales en Cristo.

—Efesios 1:3

De reunir todas las cosas en Cristo, en la dispensación del cumplimiento de los tiempos, así las que están en los cielos, como las que están en la tierra.

—Efesios 1:10

En él asimismo tuvimos herencia, habiendo sido predestinados conforme al propósito del que hace todas las cosas según el designio de su voluntad, a fin de que seamos para alabanza de su gloria, nosotros los que primeramente esperábamos en Cristo.

—Efesios 1:11–12

En él también vosotros, habiendo oído la palabra de verdad, el evangelio de vuestra salvación, y habiendo creído en él, fuisteis sellados con el Espíritu Santo de la promesa.

—Efesios 1:13

Y juntamente con él nos resucitó, y asimismo nos hizo sentar en los lugares celestiales con Cristo Jesús.

—Efesios 2:6

Porque somos hechura suya, creados en Cristo Jesús para buenas obras, las cuales Dios preparó de antemano para que anduviésemos en ellas.

—Efesios 2:10

Pero ahora en Cristo Jesús, vosotros que en otro tiempo estabais lejos, habéis sido hechos cercanos por la sangre de Cristo.

—Efesios 2:13

Que los gentiles son coherederos y miembros del mismo cuerpo, y copartícipes de la promesa en Cristo Jesús por medio del evangelio.

—Efesios 3:6

Porque nosotros somos la circuncisión, los que en espíritu servimos a Dios y nos gloriamos en Cristo Jesús, no teniendo confianza en la carne.

—Filipenses 3:3

Prosigo a la meta, al premio del supremo llamamiento de Dios en Cristo Jesús.

—Filipenses 3:14

Dad gracias en todo, porque esta es la voluntad de Dios para con vosotros en Cristo Jesús.

—1 Tesalonicenses 5:18

Pero la gracia de nuestro Señor fue más abundante con la fe y el amor que es en Cristo Jesús.

—1 Timoteo 1:14

Porque los que ejerzan bien el diaconado, ganan para sí un grado honroso, y mucha confianza en la fe que es en Cristo Jesús.

—1 Timoteo 3:13

Pablo, apóstol de Jesucristo por la voluntad de Dios, según la promesa de la vida que es en Cristo Jesús.

—2 Timoteo 1:1

Quien nos salvó y llamó con llamamiento santo, no conforme a nuestras obras, sino según el propósito suyo y la gracia que nos fue dada en Cristo Jesús antes de los tiempos de los siglos.

—2 Timoteo 1:9

Retén la forma de las sanas palabras que de mí oíste, en la fe y amor que es en Cristo Jesús.

—2 Timoteo 1:13

Tú, pues, hijo mío, esfuérzate en la gracia que es en Cristo Jesús.

—2 Timoteo 2:1

Por tanto, todo lo soporto por amor de los escogidos, para que ellos también obtengan la salvación que es en Cristo Jesús con gloria eterna.

—2 Timoteo 2:10

Doy gracias a mi Dios, haciendo siempre memoria de ti en mis oraciones, porque oigo del amor y de la fe que tienes hacia el Señor Jesús, y para con todos los santos; para que la participación de tu fe sea eficaz en el conocimiento de todo el bien que está en vosotros por Cristo Jesús.

—Filemón 4–6

Teniendo buena conciencia, para que en lo que murmuran de vosotros como de malhechores, sean avergonzados los que calumnian vuestra buena conducta en Cristo.

—1 Pedro 3:16

"Por causa de [por, a través] de mí [Jesús]"
    Y bienaventurado es el que no halle tropiezo en mí.

—Mateo 11:6

Como me envió el Padre viviente, y yo vivo por el Padre, asimismo el que me come, él también vivirá por mí.

—Juan 6:57

Yo soy la puerta; el que por mí entrare, será salvo; y entrará, y saldrá, y hallará pastos.

—Juan 10:9

Jesús le dijo: Yo soy el camino, y la verdad, y la vida; nadie viene al Padre, sino por mí.

—Juan 14:6

Todavía un poco, y el mundo no me verá más; pero vosotros me veréis; porque yo vivo, vosotros también viviréis.

—Juan 14:19

"En mí [Jesús]"

En aquel día vosotros conoceréis que yo estoy en mi Padre, y vosotros en mí, y yo en vosotros.

—Juan 14:20

Permaneced en mí, y yo en vosotros. Como el pámpano no puede llevar fruto por sí mismo, si no permanece en la vid, así tampoco vosotros, si no permanecéis en mí. Yo soy la vid, vosotros los pámpanos; el que permanece en mí, y yo en él, éste lleva mucho fruto; porque separados de mí nada podéis hacer. El que en mí no permanece, será echado fuera como pámpano, y se secará; y los recogen, y los echan en el fuego, y arden. Si permanecéis en mí, y mis palabras permanecen en vosotros, pedid todo lo que queréis, y os será hecho.

—Juan 15:4–7

Estas cosas os he hablado para que en mí tengáis paz. En el mundo tendréis aflicción; pero confiad, yo he vencido al mundo.

—Juan 16:33

NOTAS

Primera Parte: Oración desde la fortaleza
1. E. M. Bounds, *Power Through Prayer* (Cosimo, Inc.).

Capítulo 2: ¡Puestos de combate!
1. Adaptado de 1 Reyes 18:20–39. El texto entre comillas y la oración de Elías se han tomado directamente de las Escrituras.

Capítulo 3: Sincronizar corazón y práctica
1. E. G. Carre, ed., *Praying Hyde* (Bridge Logos, 1982).

Capítulo 4: "Para un tiempo como este"
1. Para una explicación más detallada de estas profecías y cómo se reflejan en los titulares en la actualidad, le insto a que lea el libro de Michael D. Evan *The Final Generation* (Timeworthy Books, 2012).
2. Cornel West, *Brother West* (Hay House, 2009).

Segunda Parte: Oración en los frentes de batalla
1. Andrew Murray, *With Christ in the School of Prayer* (n.p.: Wilder Publications).

Capítulo 5: Capacitación revolucionaria
1. "Vital Voices: The Story of Kakenya", YouTube.com, 13 de julio de 2010, (consultado el 15 de mayo de 2012).

Capítulo 6: Liberar a los cautivos
1. Murray, *With Christ in the School of Prayer.*
2. Shelley Hundley, *Un clamor por la justicia* (Casa Creación).
3. Ibíd., pp. 57–58.
4. Ibíd., p. 62.

Capítulo 7: Economía radical
1. George Müller, *Answers to Prayer* (ReadaClassic.com).

Capítulo 8: Al compás del Espíritu
1. Según se cita en Harold Chadwick, *How to Be Filled With Spiritual Power* (ReadHowYouWant.com).

Te invitamos a que visites nuestra página web, donde podrás apreciar la pasión por la publicación de libros y Biblias:

www.casacreacion.com

f @CASACREACION

@CASACREACION

@CASACREACION

Para vivir la Palabra